아버지와 아들의 이야기
아들에게 추앙받고 싶다

아버지와 아들의 이야기
아들에게 추앙받고 싶다

초판 1쇄 인쇄　2024년 11월 28일
초판 1쇄 발행　2024년 12월 16일

신고번호　제313-2010-376호
등록번호　105-91-58839

지은이　윤희웅

발행처　보민출판사
발행인　김국환
기획　김선희
편집　조예슬
디자인　김민정

주소　경기도 파주시 해올로 11, 우미린더퍼스트@ 상가 2동 109호
전화　070-8615-7449
사이트　www.bominbook.com

ISBN　979-11-6957-269-9　　　03810

- 가격은 뒤표지에 있으며, 파본은 구입하신 서점에서 교환해드립니다.
- 이 책은 저작권법에 의하여 보호를 받는 저작물이므로 무단 전재와 복사를 금합니다.

아버지와 아들의 이야기
아들에게 추앙받고 싶다

윤희웅 지음

단순히 아버지와 아들의 일상적인 기록을 넘어서
독자에게 전하는 따뜻하고 묵직한 아버지의 고백이다.

추천사

　이 책은 윤희웅 작가가 아들에 대한 사랑과 인생의 경험을 통해 느낀 감정을 진솔하고 유쾌하게 담아낸 산문집이다. 단순히 아버지와 아들의 일상적인 기록을 넘어서, 세대를 초월해 나누는 감동과 교감을 독자에게 전하는 따뜻하고 묵직한 아버지의 고백이다. 이 책 속 아버지 윤 작가는 친구이자 조언자로서 아들을 대하며, 때로는 애틋함과 걱정 속에서도 아들의 선택을 존중하고자 노력하는 모습을 보여주고 있다.

　한때 한 드라마로 인해 우리나라에 '추앙하다'라는 말이 유행한 적이 있었다. 작가에게 '추앙'이란 그저 아들에게 사랑받는 것이 아니라, 아들 삶의 방향과 위안의 의미로 자리 잡는 구원 같은 존재에 대한 절대적 신뢰자가 되기를 갈망한다.

책의 여러 에피소드는 서로 다른 시기와 상황 속에서 아들과의 관계를 어떻게 쌓아왔는지를 보여준다. 그중 한 장면인 '나는 "이놈" 하며 소리쳤다'에서는 아들이 어릴 적 실수를 했을 때 큰 소리로 "이놈"이라고 외치던 아버지의 모습이 나온다. 아들이 성인이 되어 자신의 어린 시절을 회상하며 이 "이놈!" 소리에 대한 부담과 무서움을 털어놓았을 때, 윤 작가는 아들이 그 소리로 인해 생긴 불안함을 알고 깊이 반성하며 미안함을 느낀다. 이 장면은 아버지로서의 책임감과 후회, 자식을 위해 조금 더 나은 사람이 되고자 하는 바람을 강하게 전달하고 있다.

또 다른 에피소드인 '아들 군대 가는 날'은 아들이 처음 입대할 때 느낀 아버지의 혼란과 걱정을 고스란히 담고 있다. 아들을 군대에 보내며 아버지는 불안한 마음을 감추려 농담을 던지지만, 속으로는 아들의 안전과 무사 귀환을 기도한다. 입대 후 아들의 고단함과 스트레스를 엿볼 수 있는 장면에서 윤 작가는 아버지로서의 무력감을 느끼며, 아들이 어려운 군 생활을 잘 견뎌낼 수 있기를 바라는 마음을 진심으로 표현하고 있다. 그리하여 이 책을 통해 독자는 부모의 입장에서 아들이 성장하고 자신만의 길을 걷는 모습을 지켜보는 복합적인 감정을 깊이 이해할 수 있게 된다.

작가가 아들을 바라보는 시선에는 언제나 자랑스러움과 애틋함이 가득하다. 아들이 배우의 길을 꿈꾸며 어려운 상황 속에서도 열심히 노력하는 모습에 감동을 느끼고, 그 도전을 존중하고 응원한다. '연극 동아리와 아르바이트를 병행하며 연기에 대한 열정을 쏟아내는 아들의 모습이 한편으로는 자랑스러웠지만, 그 길이 얼마나 어려운지 알기에 부모로서의 걱정을 떨칠 수 없었다'라는 부분은, 자식을 위해 해줄 수 있는 일이 인생에서 많지 않다는 아버지의 마음을 여실히 보여준다.

2024년 12월

편집위원 **김선희**

프롤로그

 아버지인 나는 1969년에 태어났고, 아들은 1991년에 태어났다. 우리는 22년이라는 간극을 두고 있지만, 나름 많은 것을 함께 나누며 살아왔다. 아버지와 아들이라는 역할로 맺어진 관계 속에서 때로는 친구처럼, 때로는 선배처럼 지내고 싶었지만, 결국 나는 아버지라는 위치에 있을 수밖에 없었다. 아버지라는 자리에는 무거운 책임감과 한없는 사랑이 함께 자리하고 있으니까.

 아들의 첫 번째 꿈은 배우가 되는 것이었다. 그 꿈이 얼마나 불안정하고 험난한 길인지 알기에 나는 걱정이 앞섰다. 수없이 다투고, 아들의 선택을 놓고 긴 밤을 고민했다. 하지만 시간이 흐르면서, 그 꿈이 아들에게 얼마나 간절하고 소중한지 조금씩 이해하게 되었다. 나 또한 꿈을 좇던 시절이 있었기에 그 마음을 알았다. 나는 아들의 꿈을 존중하기로 결심했다. 대학에 들어간 아들은 연극 동아리에 가입했다. 그 후 군대를 다녀와서 본격적으로 연기 활동을 시작했다. 낮에는 아르바이트하고, 밤에는 연극 연습을 하며 고단한 하루하루를 보내는 아들의 모습을 지켜보는 내 마음은 한편으로 아팠지만, 한편으로는 자랑스럽기도 했다. 꿈을 이루기 위해 노력하는 모습이 눈부셨다. 그 노력 끝에 아들은 연극 무대에 서게 되었고, 텔레비전 드라마에서도 작은 배역이지만 대사가 있는 단역으로 출연하는 기회도 얻었다. 무대에 서고 방송된 날, 나는 소리 없이 환호성을 지르며 마음속으로 박수를 보냈다. 비록 작은 역할이었지만 화면 속에서, 무대에서 진지하게 연기하는 아들의 모습을 보는 것만으로도 나는 행복했다. 아들이 드디어 자신의 꿈에 한 발짝 더 다가갔다고 생각했다. 하지만 배우라는 직업의 현실은 냉혹했다. 연기란 하면 할수록 더 어려워지고, 사람들의 시선과 인정받는 일은 생각처럼 쉽지 않았다. 시간이 지날수록 아들이 느꼈을 좌절감과 피로감이 고스란히 나에게 전해져 왔다.

그러던 어느 날, 아들은 경찰 시험에 도전하겠다고 했

다. 그 말에 나는 잠시 놀랐지만, 얼마나 깊은 고민 끝에 이 결정을 내렸는지 알 수 있었다. 첫 번째 시험에서 떨어지고, 두 번째 시험에서도 고배를 마셨지만, 아들은 포기하지 않았다. 결국 세 번째 도전 끝에 아들은 경찰관이 되었다. 그 순간, 나는 이루 말할 수 없이 기뻤다. 아들이 어린 시절부터 품어온 꿈을 접고 새로운 길을 선택한 용기와, 그 선택을 현실로 만들어낸 그의 노력이 자랑스러웠다.

대학 신입생 시절부터 군대, 대학 졸업 후의 방황, 그리고 취업까지의 여정을 되돌아보면, 10년이라는 시간이 마치 한순간처럼 느껴진다. 그 10년 동안 아들은 흔들리는 나무처럼 고난을 겪었지만, 결국 뿌리를 내리고 자라났다. 그의 20대를 가까이서 지켜보며 나는 매 순간 가슴을 졸였고, 아버지로서 해줄 수 있는 것이 적다는 무력감에 괴로워하기도 했다. 하지만 이제, 아들은 경찰관이 되어 사회의 한 일원으로 당당히 자리 잡았다. 그 모습이 얼마나 자랑스러운지 모른다. 가끔 그가 무대에서 연기하던 모습이 떠오르기도 하지만, 지금의 모습 또한 아름답고 소중하다.

꿈을 향해 달리던 젊은 날의 열정과 좌절을 딛고, 새로운 길에서 꿋꿋이 걸어가고 있는 아들을 본다. 이제 그는 한 명의 경찰관으로서, 한 명의 성인으로서 30대의 새로운 길을 걸어갈 것이다. 그 길이 어떤 모습일지는 아무도 알 수 없지만, 아버지인 나는 언제나 그의 곁에서 지켜보고 응원할 것이다. 나는 아들의 든든한 후원자로, 때로는 조언자로, 그리고 무엇보다 그를 믿어주는 아버지로 남고 싶다.

목차

추천사 • 4
프롤로그 • 7

01 아버지와 아들 사이 • 14
02 아들의 호텔 예약 대신 해주기 • 22
03 나는 '이놈' 하며 소리쳤다 • 27
04 건설 현장 아르바이트 • 34
05 전쟁이 시작되었다 • 39
06 나는 알코올 중독자가 되었다 • 44
07 아들 군대 가는 날 • 49
08 흔들리는 그림자 • 54
09 정말 쇼였을까? • 61
10 스무 살, 그때 나는? • 65
11 서프라이즈(Surprise) • 70
12 차가운 감정의 슬러시 • 76
13 이외수 문학교실 • 80
14 아들이 나보다 생각이 깊었다 • 84
15 단역 알바 체험기 • 89
16 오사카로 출발 • 93
17 깐깐한 놈 • 98
18 사과는 힘들어 • 103

19	눈썹이 삼각형	• 108
20	버스를 놓치다	• 112
21	통하였다	• 118
22	떡볶이, 튀김, 순대 세트 포장해 주세요	• 125
23	길 잃은 고양이	• 131
24	딩동!	• 136
25	짭새가 아닌 경찰	• 142
26	수갑을 차다	• 148

에필로그 • 154

아버지와 아들의 이야기
아들에게 추앙받고 싶다

01
아버지와 아들 사이

대학생이 된 아들은 얼마 지나지 않아 여자 친구가 생겼다. 그 사실을 처음 알게 된 날은 2학기 기숙사에 들어가던 날이었다. 학교 주차장에서 아들의 짐을 내리던 나는 여자 친구와 우연히 마주쳤다. 그 시절의 모든 청춘이 그러하듯, 싱그러움이 가득한 얼굴로 환하게 웃으며 아들의 여자 친구는 나에게 인사를 건넸다. 맑고 청량한 모습이었다. 구르는 낙엽에도 함박웃음을 짓는 소녀처럼, 사랑스러워 보였다.

"언제부터야?"

"1학기 때 같이 수업 듣고, 과제 하면서 친구 하기로 했지."

아들은 태연하게 대답했다. "그냥 친구야?"라는 물음에는 다소 우물쭈물하며 멋쩍게 웃었다.

"말이 그렇다는 거지."

"예쁘다."

내가 감탄을 하자, 아들은 기다렸다는 듯 대꾸했다.

"예쁘지, 그래서 말인데 용돈 좀 올려주면 안 돼? 돈이 없어서 온종일 걷기만 해. 다리 아파 죽겠어."

나는 순간 웃음이 터질 뻔했지만, 최대한 진지하게 답했다.

"잘 생각했어. 능력이 없으면 체력으로 데이트해야지. 열심히 걸어."

그날 저녁, 학교 앞 식당에서 아들과 저녁 식사를 했다. 아들은 마치 오늘이 세상 마지막 날인 양, 쉼 없이 고기를 먹었다. 또한 용돈 인상에 대한 객관적이고도 논리적인 주장을 펼쳤다. 나는 아들의 이야기에 결국 어느 정도 이해하고, 용돈을 소폭 인상하기로 했다. 하지만 그 약간의 인상은 아들에게는 여전히 아쉬운 눈치였다. 내가 슬쩍 운을 띄웠다.

"용돈을 쉽게 버는 방법이 하나 있긴 한데, 알려줄까?"

아들은 의아한 얼굴로 나를 쳐다보며 대답했다.

"나도 아르바이트하고 있거든, 더 이상 아르바이트하면 성적은 포기해야 해."

"아르바이트하라는 이야기가 아니고, 너 여자 친구랑 데이트한 이야기를 해주면 내가 들어보고 재미있으면 청취료를 줄게. 돈 벌기 얼마나 쉬우냐. 그냥 데이트한 이야기를 하면 돈을 준다는데 완전 꿀이지."

"아빠, 변태야. 왜 아들 데이트 이야기를 듣고 싶어 해?"

"내가 사랑에 굶주려서 그런다. 싫으면 관두고."

"얼마 줄 건데?"

"이야기에 따라 다르지. 일단 기본요금은 만 원이고, 재미있으면 금액이 올라갑니다."

아들은 한참 나를 응시하더니 대답했다.

"이야기 다 듣고 무조건 재미없다고 하면 만 원이잖아."

"아빠가 그렇게까지 양아치는 아니지. 예를 들어 첫 키스 같은 간질간질한 이야기를 하면 기본 오만 원에 서사와 묘사에 따라 금액은 더 올라갈 가능성은 충분하지. 특히 묘사가 중요해."

아들은 눈을 반짝이며 벌떡 일어나 자리에서 나를 끌어 올렸다.

"왜? 너 삼겹살 좋아하잖아. 더 먹어."

"먹을 만큼 먹었어. 나의 첫 키스 이야기를 시끄러운 삼겹살집에서 하기는 싫어. 요 앞에 조용한 호프집 있어. 분명히 말하는데 아빠, 양아치 짓하면 나 가만 안 있는다."

학교 앞, 나름의 분위기 있는 호프집에 자리를 잡고 앉았다. 아들은 오백 한 잔을 한숨에 들이켰다.

"술도 못하면서 너무 무리하는 거 아니야?"

내가 물었다.

"첫 키스 이야기는 지금까지 아무에게도 안 했거든."

아들은 얼굴을 붉히며 진지하게 말했다.

"하기 싫으면 안 해도 돼."

내가 달래듯 말했다.

"사귀기로 한 지 한 달쯤 지났을 때였어. 도서관에서 공부하다 기숙사 점호시간이 돼서 같이 올라갔지. 아빠도 알다시피 우리 학교 기숙사가 산꼭대기에 있잖아. 걸어 올라가는 길이 조금 무섭거든. 여자 혼자 가기가 만만하지 않아."

"말씀하는데 죄송하지만, 재생속도를 조금만 높여주세요. 1.5 정도로 부탁드립니다."

"제 이야기에 끼어들지 말아 주십시오. 다시 분위기 잡기 어렵습니다. 주의해 주십시오."

아들은 진지한 표정으로 경고했다.

"주의하겠습니다."

"기숙사 올라가는 중간쯤에 딱 쉬기 좋은 벤치가 나와. 거기에 앉으면 학교도 다 보이고, 멀리 시내도 보이는 야경이 좋은 곳이지. 우리 둘은 언제나 그랬듯이 거기에 앉아 야경을 감상했어. 그때 분위기가 키스를 하자고 하면 할 것 같은 느낌이 살짝 들었어. 이런저런 이야기를 하면서 슬쩍 손을 잡았어. 손을 잡으니까 나를 쳐다보는 거야. 그래서 그냥 물어봤지, '키스해도 괜찮아?' 그랬더니 그 아이가 눈을 감는 거야. 그래서 첫 키스를 했지. 끝."

나는 실망한 듯 어깨를 으쓱했다.

"끝? 내가 그랬지. 서사와 묘사가 중요하고, 그중 묘사에 점수를 많이 주겠다고. 이건 묘사는커녕 서사도 엉성하고, 만 원도 아깝다."

"양아치 짓 안 한다며, 오만 원 줘."

아들이 뾰로통하게 말했다.

"왜 그런 거 있잖아. 첫 키스의 떨림. 그런 이야기를 해야 오만 원이지."

내가 설명하자, 아들은 고개를 끄덕이며 다시 말했다.

"알았어, 그럼 다시 이어서 할게. 그 아이가 눈을 감는 거야. 그리고 입술을 살짝 벌렸어. 아랫입술이 살짝 떨리는 것이 보였지. 나는 떨리는 가슴을 부여잡고, 숨을 한 번 크게 쉬고, 고개를 돌려 다가갔어. 그 아이의 떨리는 아랫입술이… 여기까지입니다. 더 듣고 싶으면 액수를 말씀해 주시면 됩니다."

"이 녀석이 진짜 양아치네. 왜 끊어? 중간 광고야?"

내가 억울한 표정으로 항의하자 아들은 능청스럽게 말했다.

"그러니까 얼마냐고?"

"알았다. 일단, 삼만 원 확보. 중간에 한 번 더 끊으면 만 원도 안 준다."

내가 엄포를 놓았다.

"알았어. 그 아이 입술에 점점 다가가다 입술이 서로 만

나는 순간, 나는 눈을 감았지. 그리고 키스를 했어. 그런데 문제는 언제까지 키스해야 하는지, 살짝 눈을 떠볼까, 그러다 눈이 마주치면 어쩌나, 별의별 생각이 다 들었지."

나는 웃음을 참으며 물었다.

"보통 첫 키스는 종소리가 들리고, 하늘을 날고 그러는 건데."

"아빠는 첫 키스에 종소리가 들리고, 하늘을 날고 그랬어?"

"미안하다. 내가 영화를 너무 많이 봤다. 그래서, 그다음에는?"

"그 아이가 살짝 고개를 빼는 것 같은 느낌이 들어서 나도 고개를 뺐지. 고개를 빼고 눈을 떠야 하나 망설이다 실눈을 뜨고 바라보니까 그 아이가 나를 바라보고 있는 거야. 그런 줄도 모르고 나는 눈감고, 입 벌리고, 아마 침까지 흘리지 않았나 몰라? 아무튼, 잽싸게 고개를 돌려서 야경을 바라봤지. 굉장히 어색해지고, 서로 눈도 마주치지 못하는 거야. 그래서 한동안 그냥 손을 꼭 잡고, 눈에 들어오지도 않는 야경을 감상했지. 끝. 얼마야?"

나는 아들의 얼굴을 보며 약간 아쉬운 듯 말했다.

"조금 아쉽고, 주작 냄새가 나지만 약속은 약속이니까 오만 원."

아들은 승리한 듯 말했다.

"좋았어. 오만 원 주시고, 그런데 주작 냄새가 좀 났지?"

"그래도 백 퍼센트 주작은 아닌 것 같으니까, 오만 원 준다."

아들은 씩 웃으며 말했다.

"백 퍼센트 주작은 아니냐. 구십구 퍼센트 주작이지."

"구십구 퍼센트? 너 진짜 양아치네. 난 아빠고, 넌 아들이야. 어디서 아빠에게 사기를 쳐?"

02

아들의 호텔 예약 대신 해주기

　대학에 들어간 첫 학기, 아들은 매주 주말이면 어김없이 집으로 돌아오곤 했다. 어깨에 책가방을 메고, 손에는 빨래 가방을 든 채였다. 기숙사 문을 나서면 그제야 주중에 쌓인 긴장이 풀리고, 집으로 오는 버스에 몸을 싣고, 달콤한 잠에 빠져들었을 것이다. 하지만 2학기가 되면서부터 집에 오는 빈도는 점점 줄어들었다. 가끔 집에 올 때도 가방 가득 빨래를 담아오고, 가족과 한 끼 식사하고, 그리고 하루 종일 잠을 잤다. 어느새 아들은 엄마, 아빠 품이 아닌 다른 누군가의 품에서 위로받는 법을 배우기 시작한 모양이었다. 오랜만에 집에 온 아들은 평소처럼 밥을 먹고, 아침 일찍부터 여자 친구를 만나 놀았다. 그리고 저녁, 텔레

비전을 보고 있는 나에게 아들이 슬슬 눈치를 살피며 다가왔다.

"아빠, 호텔 예약 좀 해줄 수 있어?"

갑작스러운 부탁에 나는 깜짝 놀라 물었다.

"호텔은 왜?"

"금요일에 여자 친구랑 명동 가기로 했거든. 남산 케이블카도 타고, 돈가스도 먹고, 경복궁 야간 관람도 하고…, 하루 종일 놀기로 했어."

"그런데 왜 호텔이 필요해?"

"경복궁 야간 관람이 끝나면 차편이 없잖아."

"차편이 왜 없어? 새벽까지 차 있어. 걱정하지 말고 집에 와서 자."

"여자 친구 집이 인천이야. 인천 갔다가 안산까지 오는 게 얼마나 힘든데. 차라리 명동에서 하룻밤 자고 다음 날 천천히 올게."

"그럼 여자 친구 집 근처 찜질방에서 자고 아침에 오면 되잖아."

"지금까지는 그랬는데, 이번에는 시험도 끝났고, 맘 편하게 밤새워 놀기로 했어."

이쯤 되니 나도 모르게 슬슬 긴장되기 시작했다.

"그럼, 서로 이야기가 됐다는 거야? 그 친구 부모님도 알아?"

"외박하는 거니까 말씀드렸겠지."

"그 말이 아니잖아, 너희 둘이 함께 호텔에 묵는다는 걸 그쪽 부모님이 아냐고?"

아들은 대수롭지 않다는 듯 웃으며 말했다.

"손만 꼭 잡고, 그냥 잘 거야. 걱정하지 마."

나는 한숨을 쉬며 옛 기억을 끄집어냈다.

"네가 지금 그렇게 말하니까 옛날 생각이 난다. 아빠 군대에 있을 때, 네 엄마가 면회 왔었다. 그날 막차 버스가 고장 나서 집에 가지 못한 엄마와 여관에서 하룻밤 묵은 적이 있었어. 엄마랑 손만 꼭 잡고 잤는데, 네가 태어났어. 그런 일이 생겨도 괜찮겠니?"

아들은 잠시 생각하는 듯하더니, 나지막하게 대답했다.

"아빠, 나는 아빠랑 달라. 같은 눈으로 보지 마."

"아빠가 세상을 너보다 오래 살다 보니 괜한 걱정만 늘었다. 그래도 너는 성인이니까 네 행동에 책임을 져야 한다는 건 알지?"

아들은 짜증 섞인 목소리로 대답했다.

"안 한다니까! 손만 잡고 자겠다는데 왜 못 믿는 거야?"

나는 어찌할 바를 몰라 머리를 긁적이며 말했다.

"그냥 아빠에게 말하지 말고 네가 알아서 예약해. 정신 사납게 만들지 말고."

아들은 한숨을 쉬며 말했다.

"나도 그러고 싶지. 근데 호텔이 너무 많아. 어떤 호텔이 좋은지도 모르겠고, 예약은 카드만 된다고 하잖아. 그러니까 아빠가 골라주고, 예약도 해줘. 내가 현금으로 줄게."

"정말 안 할 거지?"

"에이, 확 해버릴까 보다."

아들은 뻔뻔한 미소를 지어 보였다.

결국 나는 예약 사이트를 뒤져 명동 근처, 비교적 깨끗해 보이는 호텔을 골랐다. 방은 트윈룸으로 예약했다.

"방 하나, 침대는 두 개짜리로 했어. 십오만 원인데, 오만 원은 내가 깎아줄게."

아들이 의아한 얼굴로 물었다.

"왜 깎아줘?"

"다녀와서 이야기해 주는 조건으로 오만 원 빼주는 거다."

"무슨 이야기?"

"첫날밤 이야기."

"진짜 안 한다니까, 손만 잡고 잘 거야!"

"알았어. 첫날밤 이야기가 아니어도 재미있는 이야기 하나 해주면 오만 원으로 쳐줄게."

그렇게 나는 아들의 첫날밤이 될지도 모를 호텔을 예약해 주고 말았다. 아들은 절대 걱정하지 말라고 하지만, 아버지라는 이름은 이런 순간에 어쩔 수 없이 무거워진다. 금요일 밤, 나는 잠 못 이루는 밤을 보내게 될 것 같다. 진짜 손만 잡고 잘까? 정말 그럴까? 속으로 되뇌며 말이다.

03

나는 '이놈' 하며 소리쳤다

 아들의 첫 번째 아르바이트는 대학교 1학년 여름 방학 때였다. 집에서 가까운 복합 쇼핑몰이었다. 아홉 시 출근, 여섯 시 퇴근, 점심시간은 한 시간, 최저임금으로 계산해서 주급으로 받았다. 나는 아들의 첫 사회생활이 마냥 걱정스러우면서도 한편으로는 뿌듯하기도 했다. 그의 어깨 위로 새롭게 얹히는 책임감과 세상의 무게를 아버지로서 지켜보는 것은 참 묘한 감정을 불러일으켰다. 출근 전날 밤, 나는 아들과 함께 치맥을 나누며 그동안 내가 경험한 사회생활의 노하우를 전수하려 마음먹었다. 이 기회에 아버지로서의 권위를 보여줄 생각에 살짝 목소리를 가다듬으며 장황하게 말을 꺼냈다.

"스무 살에 처음으로 사회생활을 시작하는 네가 참 자랑스럽기도 하고, 안쓰럽기도 하다. 용돈 받아 쓰던 때가 얼마나 좋았는지 곧 알게 될 거야. 아빠 돈의 소중함을 알게 되는 계기가 됐으면 좋겠구나."

"그런데 내 용돈, 다 아빠 돈 아니야. 엄마 돈도 있는데."

나는 헛기침을 하며 슬쩍 말을 돌렸다.

"사회생활 어렵지 않다. 다 사람 사는 사회고, 네가 하기 싫으면 상대방도 하기 싫어할 거라는 것만 기억하면 된다. 이제 아빠가 세 가지 법칙만 알려줄 테니까, 이거 기억하고 있어라. 첫 번째, 시간 약속은 목숨처럼 소중하게 지켜라. 늦지 않게, 십 분 정도 일찍 가서 준비하고 있어야 한다."

"알고 있어."

"두 번째, 인사를 잘해야 한다. 상대가 누구든, 웃으며 큰 소리로 '안녕하세요!' 하는 거야. 고개만 까딱하고 지나가는 건 인사 안 한 거랑 다름없다."

"내가 무슨 초등학생도 아니고…"

나는 아들의 건성으로 대하는 대답에 살짝 신경이 쓰였지만, 애써 무시하며 이어 나갔다.

"셋째, 정리를 잘해야 한다. 자리 옮길 때나 퇴근할 때 네 자리는 항상 깨끗하게 해둬라. 내가 하지 않았어도 기왕 하는 김에 정리하고, 청소하고, 대신 정리한다고 네 자존심이 상하는 것도 아니잖아?"

"아빠가 예전부터 잔소리해서 다 알고 있거든. 그런데 문제는 내가 실수하거나, 큰 소리로 야단맞을 때야. 그럼, 바로 눈물이 흐르고, 심하면 설사도 나와. 그게 걱정이라고."

나는 한숨을 쉬며, 실없는 농담으로 넘겨보려 했다.

"성인용 기저귀를 추천한다."

"나를 이 지경을 만든 게 누군지 알지? 아빠잖아, 아빠!"

나는 할 말이 없었다. 아들이 어릴 적, 실수할 때마다 나는 어김없이 큰 소리로 '이놈'을 외쳤다. 아이에게 손을 댈 수도 없고, 말도 아직 못하는 아이에게 설명할 수도 없으니 내가 선택한 방법이 바로 큰 소리였다. 바닥에 죽비를 내리치며 '이놈' 하고 외치면, 아들은 울음을 터뜨리며 사과했다. 버스에서 잠든 아이를 깨울 때도, 마트에서 칭얼대는 아이를 달랠 때도, 식당에서 소란스러울 때도, 언제나 내 입에서는 '이놈'이 터져 나왔다. 덕분에 아들은 어디

서든 조용하고 얌전한 아이가 되었다. 나는 이 모든 것이 가정교육이라 자부했었다. 어느 날, 아들이 실수했고, 나는 여전히 버릇처럼 '이놈'을 외쳤다. 그때 아들이 내게 처음으로 화를 내며 소리쳤다.

"아빠의 '이놈'이 나를 얼마나 망쳤는지 모르지? 학교에서 선생님이나 친구들이 큰 소리로 뭐라 하면, 진짜 아무것도 아닌데도 심장이 벌렁거리고 눈물이 나. 그리고 심하면 설사까지 해. 아빠 때문에!"

나는 그제야 깨달았다. 가정교육이라고 생각했던 '이놈'이 아들을 병들게 했다는 것을. 그 후 나는 아들에게 사과하고 다시는 큰 소리로 야단치지 않았다. 그러나 아들은 여전히 큰 소리가 나면 몸이 굳어버렸다. 그런 아들이 첫 아르바이트에 나가겠다고 했을 때, 나는 걱정과 미안함이 가득했다.

퇴근 후 아들이 지친 모습으로 돌아와 저녁을 허겁지겁 먹는 걸 보니 더 안쓰러웠다.

"점심 안 먹었어? 천천히 먹어."

"안 먹었어."

"왜 안 먹었어? 아침도 안 먹고 갔는데, 점심은 먹어야지."

"괜히 설사할까 봐 걱정돼서. 그리고 점심 사 먹으려면 한 시간 시급이랑 돈이 같아. 도저히 돈이 아까워서 못 먹겠어."

나는 마음이 아려왔다.

"아무리 그래도 밥은 먹어야, 일할 힘이 나지."

"배고프면 편의점에서 삼각김밥 사 먹어. 그 정도면 괜찮아."

"정말 눈물 나게 알바를 하는구나. 점심값 줄 테니까 제대로 사 먹어."

아들은 손을 저으며 말했다.

"돈도 돈이지만, 괜히 일하다가 설사할까 봐 굶는 거야. 배고픈 건 참을 만해. 이제 보름밖에 안 남았잖아."

나는 아들이 대견하면서도 안쓰러웠다.

"사람들에게 욕은 안 먹고 다니는 거지?"

아들은 고개를 끄덕이며 웃어 보였다.

"응, 관리자가 언제든지 다시 일하고 싶으면 연락하래. 무조건 써준다고."

"그럼 됐다. 점심 좀 먹어도 되겠네."

아들은 가볍게 웃으며 말했다.

"그래서 요즘은 간단하게 삼각김밥에 라면 정도는 먹어."

"주급은 받았지? 너에게는 첫 월급이잖아."

아들은 의아한 표정으로 물었다.

"받았지. 근데 왜?"

"첫 월급을 받으면 보통 부모님에게 선물이나 용돈 정도는 챙겨주는 게 예의야. 지금까지 키워줘서 감사하다는 뜻으로 말이지."

아들은 그 말을 듣고 고개를 절레절레 저었다.

"내가 힘들게 번 돈을, 코 묻은 아들 돈을 그렇게 뺏고 싶어? 진짜 너무하네."

나는 억울한 표정을 지으며 말했다.

"너무하다니? 전통이잖아, 전통. 코 묻은 돈 뺏으려는 게 아니고."

"그 말이 그 말이지. 정 그렇게 억울하면 내가 야식으로 치킨 살게. 그걸로 대신해."

나는 눈을 크게 뜨고 아들에게 말했다.

"내가 아들 코 묻은 돈이나 탐내는 아빠냐? 섭섭하다, 섭섭해. 치킨 살 거면 1인 1닭만큼은 양보 못한다."

아들은 웃음을 터트리며 말했다.

"알았어, 알았어. 아빠를 위해서 내가 두 마리 시킬게."

그날 밤, 우리는 한 마리씩 치킨을 뜯으며 웃고 떠들었다. 아들이 조금씩 성장하고 있다는 것을 느낀 그 밤, 나는 '이놈' 대신 '수고했다, 아들'이라 말해주고 싶었다.

04
건설 현장 아르바이트

 쇼핑몰 아르바이트는 시원한 에어컨 바람을 맞으며 보내는 평온한 시간이라 생각했다. 하지만 아들이 집에 돌아올 때면 매우 피곤해 보였다. "많이 힘들어?" 하고 물어보면, 아들은 괜찮다며 어색하게 웃어 보였다. 내가 모르는 사이, 아들은 이미 작은 좌절들을 겪고 있었을 것이다. 어느 날 저녁, 아들이 밥을 먹다 말고 말했다.
 "아빠, 쇼핑몰 아르바이트는 돈이 생각보다 안 모여. 다른 아르바이트를 찾아야 할 것 같아."
 "그럼, 뭘 할 건데?"
 아들은 답을 이미 정해 놓은 듯, 단호한 목소리로 말했다.

"건설 현장에서 일할 거야. 시급이 쇼핑몰의 두 배래. 용역 소개비 10% 떼도 남는 게 훨씬 많아."

아들은 시급 두 배라는 소리에 눈이 커졌다. 하지만 나는 곧 걱정이 밀려왔다.

"아이고, 네가 무슨 건설 현장을 가. 힘들지 않겠어?"

"조금 힘들겠지만, 체력은 자신 있어. 그냥 청소하고, 물건 옮기고 그러면 된대."

아들은 자신만만했다. 아직은 젊으니까, 뭐든 한 번 부딪혀 보는 것도 나쁘지 않겠다는 생각이 들었다. 하지만 새벽에 나가 저녁이 되어서야 녹초가 되어 들어오는 아들을 보면서 마음이 편치 않았다. 흙먼지를 뒤집어쓰고 돌아온 아들은 밥도 대충 먹고, 바로 곯아떨어지곤 했다. 건설 현장으로 출근한 지 일주일쯤 된 어느 날, 아들이 녹초가 된 채 저녁을 먹고 있을 때 조심스럽게 물었다.

"건설 현장에서 무슨 일을 해?"

"반장이 우리 같은 알바생들을 종 부리듯 써. 물건 옮기고, 청소하고, 뭐든 시키는 대로 해. 그런데 화가 나는 건 정작 자기는 그늘에서 커피 마시면서 전화로 지시만 해. 만약 우리가 잠깐이라도 쉬면 욕을 얼마나 하는지. 그래도 시급이 좋으니까 참아야지."

아들의 눈빛에는 불만이 가득했다. 그렇게 한 달을 버텨낸 아들은 휘파람을 불며 학교로 돌아갔다. 이제 아들은 마음 편히 공부하고, 연애할 시간만 남았다. 그러나 불과 일주일 만에 아들이 학교 기숙사에서 집으로 왔다. 그의 표정은 어두웠고, 나는 불길한 예감에 물었다.

"무슨 일이야?"

"현장에서 일한 급여가 안 들어와. 내일 직접 가보려고."

나는 깜짝 놀라며 다시 물었다.

"아직도 안 줬다고? 벌써 보름이 넘었는데!"

아들의 표정은 무거웠다. 대학생들 방학철이면 빠지지 않는 뉴스들이 떠올랐다. 용역 사무소, 밀린 급여, 그리고 당황한 학생들… 다음 날, 아들은 친구들과 함께 용역 사무실에 갔다 왔다. 돌아온 아들의 표정은 무겁게 내려앉아 있었다.

"어떻게 됐어?"

나는 조심스레 물었다.

"학생들이 엄청 많았어. 다들 급여 못 받아서 왔는데, 사장은 자리에 없고, 여직원 한 명이 앉아있더라고. 여직원도 월급 못 받았다고 하는데, 진짜인지는 모르겠지만…"

아들의 목소리에는 분노와 무력감이 섞여 있었다. 나는 답답한 마음에 물었다.

"그냥 왔어? 뭐라고도 못하고?"

"힘없는 여직원한테 뭐라 해봐야 소용없잖아. 게다가 친구들 얘기 들어보니까, 만약 사장이 폐업 신고하면 밀린 급여도 못 받을 수도 있대. 그래서 다들 지금 어떻게 해야 할지 고민 중이야. 그런데 아빠, 방금 문자 왔는데, 급여 받았다고 서명하면 1/2은 준다고 하더라고."

나는 더 이상 참지 못하고, 단호하게 말했다.

"급여 못 받은 사람들이 다 학생이지?"

"거의 다 학생이지."

"내가 보기에는 상습범 같아. 아직 사회 물정 모르는 학생들에게 뒤통수치는 거야. 너는 어쩔 생각이야?"

"고민 중이야."

"내 생각에는 1/2을 준다는 것은 폐업할 생각이 없다는 뜻이고, 학생들 등쳐먹겠다는 속셈이야. 일단 노동부에 신고하고, 기다려 봐."

"신고하면 1/2도 안 준다고 하던데."

"아빠 말 믿고, 신고해. 최악의 경우, 급여 못 받으면 내가 줄게."

한참 고민하던 아들은 결국 내 말을 따랐다. 몇 주가 지나고, 그는 마침내 밀린 급여를 모두 받았다. 하지만 친구들은 사장의 '1/2 제안'을 받아들여, 절반만 받고 말았다. 아들은 고개를 저으며 씁쓸하게 말했다.

"아빠, 세상 정말 무섭네. 돈 벌기가 이렇게 어려운 줄 몰랐어."

나는 마음이 아팠다. 그 짧은 한 달 동안, 아들은 세상의 부당함을 처음으로 맛본 것이다.

"그래도 배운 게 있잖아. 어설픈 돈에 속지 말고, 네 권리는 지킬 줄 알아야 한다는 거. 알겠지?"

나는 아들의 어깨를 다독이며 말했다. 앞으로 더 많은 것을 겪겠지만, 그가 조금은 더 단단해지길 바랄 뿐이었다. 아들의 여름은 그렇게 단맛과 쓴맛이 뒤섞인 채 지나갔다.

05
전쟁이 시작되었다

오랫동안 나는 불면증과 싸워왔다. 아니, 사실 지금도 불면증으로 잠 못 드는 밤들을 보내고 있다. 무겁게 내려앉은 눈꺼풀로 겨우겨우 하루를 견디다, 다음 날은 정신없이 잠들어 버리곤 했다. 생활 리듬이 뒤죽박죽되고, 피로가 쌓일수록 정신은 혼미해져 비몽사몽 일을 해야만 했다. 사실 잠을 청하기 위해 온갖 방법을 써보았다. 몸을 고의로 피곤하게 만들어 보겠다고 강도 높은 운동을 하기도 하고, 업무를 몰아서 처리하기도 했지만, 불면증은 나를 더욱 비웃듯이 밤마다 기세등등하게 찾아왔다. 결국 나는 병원에 가서 수면제를 처방받았다. 처음엔 효과가 있는 듯했지만, 오래지 않아 불면증은 수면제의 벽을 뚫고 다시 고개를 들었다. 다시 의사를 찾아가 조금 더 강한 약을 처방 받았다. 이번엔 약이 너무 강해 문제가 생겼다. 잠을 청하려던 게 무색하게, 약에 취한 몸은 하루 종일 침대에서 꼼짝도 하지 못했다. 마치 바위에 깔린 듯 몸은 무겁고 정신은 몽롱했다. 차라리 잠을 이루지 못하는 편이 나았다. 최소한 그때는 내가 깨어있다는 느낌이라도 있었으니까. 결국, 나는 이틀에 한 번씩 자는 방식을 택했다. 완벽한 해결책은 아니었지만, 최소한 약에 의존하지 않으면서 견딜 수는 있었다.

돌이켜보면 나의 불면증은 끝도 없이 이어지는 잡념들이 원인이었다. 침대에 눕는 순간, 오늘 하루의 모든 사소한 순간들이 머릿속에서 파노라마처럼 펼쳐졌다. 점심에 제육볶음 대신 청국장을 먹었어야 했다는 작은 아쉬움부터 상사의 질책에 아무 말도 못했던 후회까지, 나의 하루는 마치 되돌릴 수 없는 영화처럼 되풀이되며 나를 괴롭혔다. 양을 세어 보기도 했다. 백 마리, 천 마리⋯ 끝없이 이어지는 숫자들이 자꾸만 겹치다 보면 어느새 창밖이 희미하게 밝아오고 있었다. 밤새 뒤척이며 방에서 거실로, 거실에서 방으로 잠자리를 바꾸어 보았지만, 잠은 내가 있는 곳을 언제나 피해 갔다. 시계가 눈에 들어올 때마다 '지금 몇 시일까?'라는 생각이 꼬리를 물었다. 궁금증을 참다가 끝내 시계를 보는 순간, '이제 자도 몇 시간밖에 못 자겠네'라는 또 다른 걱정이 머릿속에 가득 차며 불안감이 밀려왔다. 나는 다시 눈을 감고 억지로 잠을 청했다. 그러다 아주 잠깐 선잠에 빠진 것 같았다. 방 밖에서 인기척이 들렸지만, 나는 최대한 못 들은 척하며 다시 잠에 빠지려 애썼다. 그 순간, 방문이 열리고 아들이 들어와 불을 켰다.

"아빠, 자?"

아들의 속삭임이 들리자, 나는 반사적으로 눈을 떴다. 피곤이 가득한 목소리로 물었다.

"왜?"

"내가 모기 잡았어! 얼마나 피를 빨았는지 봐봐. 진짜야!"

아들은 자랑스럽다는 듯 손을 내밀며 말했다. 나는 그 말에 기가 막혀 한숨을 쉬며 대꾸했다.

"정녕 단매에 죽고 싶은 거냐? 모기 한 마리 잡았다고 불면증에 시달리는 아빠를 깨우다니!"

하지만 아들은 아랑곳하지 않고 신나서 모기 잡은 이야기를 시작했다.

"귀 옆에서 '윙윙'거리며 날아다니는 모기를, 내가 누워서 손을 뻗어 영화처럼 딱 잡았지. 손가락으로 꽉 눌렀더니 피가 '팍' 터지는 거 있지? 세상에, 이게 다 내 피라니! 흡혈귀 같은 모기였어."

아들은 한껏 들떠서 이야기를 이어갔다.

"아빠, 의도치 않게 내가 살생을 해버렸어. 나무아미타불 관세음보살. 극락왕생하십시오! 아, 나 교회 다니지. 나무아미타불 관세음보살은 취소!"

아들은 스스로 말한 게 웃겼는지 크게 웃음을 터뜨렸다. 그리고는 "살생한 손을 씻고 경건하게 다시 자야지"라고 말하며 방의 불을 끄고 홀연히 사라졌다.

나는 침대에 누워 아들의 말을 곱씹으니 어이가 없었다. 방금까지, 그래도 겨우 선잠에 빠졌던 것 같은데, 모기 한 마리 때문에 선잠마저도 날아가 버렸다. 아무리 생각해도 이건 명백히 의도적이고 악의적인 사건이었다. 아들 녀석은 자기가 깨운 아빠가 잠들지 못하고 밤새 뒤척이는 것에 대해 아무런 죄책감도 없었다. 복수를 해야 한다는 생각이 들었다. 한참을 고민하다가, 좋은 아이디어가 떠올랐다. 나는 유튜브에서 모깃소리가 울리는 영상을 재생한 휴대전화를 아들 방문 앞에 살며시 놓아두고 방으로 돌아왔다. 영상에서는 귀를 간질이는 모깃소리가 반복해서 나왔다. 얼마 지나지 않아 아들의 방에 불이 켜졌다. 서성이는 발소리와 함께, 혼잣말하는 아들의 목소리가 들려왔다.

"아, 진짜 모깃소리 들리는 것 같은데? 어디 있지?"

나는 내 침대에 누워 눈을 감고 잠든 척했다. 조금 후, 내 방문이 벌컥 열리며 불이 켜졌다. 아들이 내 휴대전화를 침대에 던지며 말했다.

"분명히 아빠의 도발로 전쟁이 시작됐다. 각오해!"

나는 벌떡 일어나 외쳤다.

"누구도 부당한 침해를 참을 의무는 없다! 나는 정당방위였다. 도발은 네가 먼저 했어."

새벽 다섯 시, 동이 터오는 창밖을 보며 우리는 두 주먹을 불끈 쥐고 송곳니를 드러낸 채 으르렁거렸다. 이렇게 아들과의 전쟁은 시작되었다.

06

나는 알코올 중독자가 되었다

　모기 전쟁 이후, 나는 매일 아들의 반격을 경계하며 지냈다. 아들의 성격상 분명히 그 사건을 잊지는 않을 텐데, 언제쯤 어떤 방식으로 반격할지 상상하느라 도무지 마음을 놓을 수가 없었다. 사소한 실수라도 꼬투리 잡힐 수 있다는 생각에 괜히 조심스러워졌다. 그렇게 초조한 나날이 며칠이나 이어졌다. 하지만 예상과 달리 별일은 일어나지 않았다. 아들은 마치 그 사건을 까맣게 잊은 듯 조용히 지냈다. 의외로 평화롭고 나른한 저녁이었다.

　어느 날 저녁, 나는 텅 빈 냉장고를 열어본 뒤 입맛을 다시며 말했다.

"오늘 저녁은 부대찌개다."

냉장고 속은 비어 있었지만, 부대찌개는 스팸과 소시지 그리고 김치만으로도 나름 든든한 한 끼가 될 수 있었다. 그러나 두부가 없었다.

"아들, 두부 한 모랑 소주 한 병만 사다 줄래? 두부 없는 부대찌개는 말이 안 되지."

아들은 잠시 화면을 응시하다 투덜거리며 말했다.

"소주는 왜 또?"

"부대찌개엔 소주가 있어야지. 그게 제대로 된 부대찌개지. 화룡점정이라는 게 바로 그런 거야."

아들은 한숨을 쉬며 카드를 받아 들고 나갔다. 얼마 후, 그는 두부 한 모와 함께 소주 여섯 병, 그리고 과자 한 보따리를 사 들고 돌아왔다.

"소주 한 병만 사 오라고 했잖아. 왜 이렇게 많아?"

나는 당황스러운 표정으로 물었다. 아들은 태연하게 대답했다.

"일주일 치야. 근데 아빠, 술이 그렇게 좋아?"

나는 잠시 뜸을 들인 뒤 말했다.

"술이 맛있어서 마시는 사람은 없어. 다들 외롭고 슬퍼서 마시는 거지. 나는 어쩌면 어린 왕자의 술주정뱅이처럼 항상 술을 마시는 내 모습이 슬플 뿐이야."

"말도 안 되는 소리 그만하고 술 좀 그만 마셔. 예전에는 집에서 술 안 마셨잖아. 술 먹고 싶으면 밖에서 먹고 들어와."

아들은 걱정스러운 목소리로 말했다.

"집에서 혼자 마시는 술, 나도 좋아하진 않아. 그런데 어쩌겠니. 입사 동기들은 하나둘 사라지고, 후배들이랑 마시자니 싫어하는 눈치고…"

"당연하지, 아빠가 꼰대 짓하니까."

아들은 차갑게 말했다.

"나도 알아. 그냥 얘기만 들으려고 했는데, 술 들어가면 나도 모르게 연설하고 있더라. 그게 꼰대지 뭐. 더 큰 문제는 술값이야. 네다섯 명이 삼겹살에 소주만 마셔도 이십만 원은 넘거든. 이차로 맥주라도 마시면 그때도 다 나만 쳐다봐. 그럼 계산해야지. 그러다 보니 나도 모르게 술자리를 피하게 되는 거야. 경제적으로 타격이 크니까 어쩔 수 없지."

아들은 비웃듯이 말했다.

"그러니까 결국 후배들한테 술 사주는 게 아까워서 혼자 마신다는 거잖아. 내가 보기엔 아빠는 외롭고 슬픈 게 아니라, 그냥 자린고비 같은데?"

"그래, 나 자린고비다. 너 저녁 먹지 마."

"이제 보니 자린고비가 아니라, 속 좁은 밴댕이네."

"시끄러워, 꺼져."

그때 아들이 갑자기 진지한 표정으로 다가와 말했다.

"아빠, 그런데 앞으로는 서울 슈퍼에서는 술 못 살걸?"

"왜?"

"아빠가 서울슈퍼에서 술을 산다면 엄청 쪽팔릴 거야."

아들은 미소를 지으며 방으로 들어갔다.

며칠 후, 나는 서울 슈퍼에서 소주를 사려 했다. 퇴근 후 콩나물 한 봉지와 두부 한 모, 그리고 마지막으로 소주 한 병을 집어 들고 계산대로 갔다. 그런데 슈퍼 주인이 난처한 표정으로 내 손에서 소주를 슬며시 빼앗아 계산대 옆으로 밀어두었다. 나는 어리둥절한 얼굴로 말했다.

"사장님, 소주 제가 들고 온 건데요. 같이 계산해 주세요."

"죄송해요, 선생님. 소주는 팔 수가 없어요."

사장은 미안한 표정으로 대답했다.

"아니, 왜요?"

나는 이유를 몰라 답답한 마음에 되물었다.

"며칠 전에 아드님이 와서 소주를 많이 사 갔었잖아요. 그래서 '오늘, 집에 손님 오세요?'라고 물었더니 아드님이 눈물을 글썽이며 말하더라고요. '우리 아빠가 알코올 중독자예요. 제발 아빠한테 술을 팔지 말아 주세요'라고요. 얼마나 착한 아들이에요. 그런 아들이 있다는 게 정말 부럽네요."

나는 순간 입이 다물어지지 않았다. 손도 살짝 떨리는 것 같았다.

"뭐라고요? 우리 아들이 그렇게 말했다고요?"

"네, 선생님. 아드님이 아버지를 걱정해서 부탁했어요. 제가 아버지라면 정말 자랑스러우실 것 같아요."

그렇게 나는 알코올 중독자로 동네에 소문이 나 버렸고, 아들은 동네에 제일가는 효자가 되었다.

07

아들 군대 가는 날

 2011년 3월 21일 아침, 아들은 파릇파릇한 짧은 머리를 모자로 감추며 담담하게 차에 탔다. 깊숙이 눌러쓴 모자에 이어폰을 끼고, 뒷좌석에 몸을 기댔다. 건들면 절대 안 되는 분위기였다. 나는 조용히 주차장을 빠져나와 논산을 향해 달렸다. 안산에서 논산까지 세 시간이면 충분했다. 늦으면 안 된다고 전날 가자는 것을 아침 일찍 출발하면 안 늦으니, 하루라도 편하게 방에서 자라고 했다. 그러나 아들은 잠들지 못하고 밤새워 화장실을 들락거리며 잠을 설친 듯했다. 슬쩍 룸미러로 뒷좌석의 아들을 쳐다봤다. 음악을 듣고 있는지, 아니면 잠을 자는지 기척이 없었다. 고속도로 안내판에 논산이라는 표지가 보이기 시작했다.

"대전 고모가 입대 기념으로 점심 사준다고 해서 논산에서 만나기로 했어. 뭐 먹고 싶어?"

"밥 생각 없어."

"그래도 한동안 사회 음식을 먹지 못할 텐데 맛있는 거 먹고 들어가자. 고기 먹을까?"

아들은 대답이 없었다. 긴장과 걱정, 그리고 무서움이 가득할 그의 마음이 그대로 전해졌다. 나도 아들과 같은 마음이었다. 아들을 군대에 보내려니 그동안 보이지 않았던 군대 내 구타, 자살, 사고 등 군대 관련 뉴스들이 귀에 쏙쏙 박혔다. 대전 고모와 만나기로 한 약속 시간보다 한 시간 일찍 논산에 도착했다. 근처 카페에 들어가 누나를 기다리기로 했다. 아들은 불안하면 책을 읽는 버릇이 있다. 그것도 파울루 코엘류의 연금술사만 읽었다. 손때가 덕지덕지 묻은 연금술사를 읽고 있는 아들을 바라봤다. 아들의 손이 책장을 넘길 때마다 내 손에도 조금씩 땀이 차기 시작했다.

"수류탄 샀어?"

나는 긴장을 풀려고 농담을 던졌다. 아들이 잠깐 고개를 들었다.

"뭘 사?"

"검색해 보니까 훈련소 앞 편의점에서 1 + 1로 판다는데."

아들은 피식 웃으며 대꾸했다.

"몇 시간 후면 군대 가는 아들에게 지금 하는 농담이 적절하다고 생각해?"

"죄송합니다. 적절치 않았습니다. 하지만 걱정하지 마. 20개월 금방 가. 아빠는 30개월 했어. 그나저나 점심 뭐 먹을래? 갈비에 냉면 어때?"

"체할 것 같아."

"그러면 짜장면 어때? 난 군대에 있을 때 짜장면이 제일 생각나더라."

짜장면에 탕수육을 대충 먹고, 이러다 늦는다며 일어서는 아들과 함께 훈련소 앞까지 걸어왔다. 누나는 자기 아들 군대 갈 때 집 앞에서 배웅했는데, 조카 군대 가는 걸 보러 왔다며 약간 신이 난 얼굴로 이야기했다. 아직 이른 시간이지만 연병장에는 사람들이 꽤 많이 모여있었다. 여자 친구와 마지막 입맞춤을 하는 까까머리 청년을 우리는 부러운 듯 바라봤다.

"여자 친구는 기다려 준대?"

"내가 이 도령이야? 그런 거 없어. 그냥 잘 갔다 오라고만 했어."

그때였다. 입소자는 연병장으로 모이라는 안내방송이 나왔다. 부모님에게 큰절하는 청년, 여자 친구의 눈물을 닦아주는 청년, 친구들의 응원 함성에 손을 흔들며 연병장을 향해 걸어가는 청년, 모두 마지막 인사를 나누고 연병장으로 내려갔다.

"잘 갔다 올게. 조심해서 올라가. 그리고 술 좀 그만 먹고 몸 좀 챙겨."

"한 번 안아보자."

"싫어."

"그러지 말고 한 번만 안아보자."

엉덩이를 뒤로 빼는 아들을 힘껏 안아주며 등을 토닥이며 말했다.

"무조건 건강해라. 다치면 안 돼. 알았지?"

아들은 대답도 없이 대전 고모에게 고개를 숙여 인사를 했다. 그리고 연병장을 향해 뛰어갔다. 간단한 입소식을 마친 청년들은 손을 흔들며 줄줄이 막사 안으로 들어갔다.

그렇게 아들은 군대에 갔다. 주차장으로 걸어가는 동안 나도 모르게 눈물이 났다. 그렁그렁 눈물이 맺히는 것이 아니라 그냥 줄줄 흘러내렸다.

"창피해. 그만 울어. 세상에 어느 아빠가 아들 군대 보냈다고 길거리에서 울어?"

"줄 서서 막사로 들어가는 모습을 보니까 그 녀석 태어나던 날부터 지금까지 영화 한 편이 눈앞에 지나가는 거야. 그 녀석 성격에 군 생활 쉽지 않을 텐데. 잘할 수 있을까?"

며칠 후, 군에서 소포가 도착했다. 아들이 입고 간 사복과 함께 짧은 편지 한 장이 들어 있었다.

편지를 쓰라고 하는데, 쓸 말은 없고, 안 쓰면 눈치 보이니까 그냥 쓴다. 아무튼 면회나 자주 와.

두 줄짜리 짧은 편지를 읽으며 나는 잠시 울컥했다가 나도 모르게 미소를 지었다. 잘할 거야. 분명 잘할 거야. 이제 5일 지났으니, 앞으로 19개월 25일 남았다.

08
흔들리는 그림자

첫 면회는 논산 훈련소 퇴소식 날, 짧게 진행되었다. 연병장 그늘에 돗자리를 깔고 준비해 온 음식을 먹었다. 아들은 이등병 계급장을 반짝이며 내 앞에 섰다.

"인사 안 해? '충성' 하며 거수경례해야지."

"충성은 나라에 하는 거지 아빠한테 하는 거 아니거든."

"그래도 남들은 다 하잖아."

"그래서 더 안 해. 치킨 사 왔어?"

"치킨 식으면 맛없어, 그래서 닭강정 사 왔어."

"항상 아빠 마음대로야. 나는 치킨 먹고 싶다고, 닭강정 싫다고."

"이놈은 군대를 가도 변한 게 없네."

아들은 같이 먹자는 말 한마디도 없이 닭강정과 피자, 콜라, 김밥 등을 쉼 없이 먹었다.

 "여자 친구랑 통화 안 해?"

 "내 전화 안 받아."

 "부대에서 전화했어? 어떻게?"

 "훈련 과목마다 1등 한 병사에게 전화 사용권을 줬는데 세 번인가 1등 해서 전화를 했어. 한 번은 도서관이라며 다음에 통화하자고 해서 말도 제대로 못했고, 두 번은 아예 안 받더라고. 차인 것 같아."

 "너는 그 세 번 중에 한 번 정도는 아빠에게 전화할 생각은 안 했니?"

 "아빠가 내 여자 친구는 아니잖아."

 역시 군대는 군대일 뿐, 사람을 변화시키는 곳은 아니었다. 그렇게 짧은 면회를 마치고 아들은 후반기 교육을 받으러 이동했다. 석 달의 후반기 교육을 마친 아들은 강원도 홍천으로 배치되었다. 자대 배치 후 한 달이 지나야만 면회가 가능하며, 그 시기는 따로 편지를 주겠다는 전화가 왔다. 그리고 두 달쯤 되었을 무렵 편지가 왔다. 그동안 훈련이 있어서 면회가 금지되었다는 이야기와 면회를 오면

외박이 가능하다는 것과 면회 올 날짜, 그때 먹어야 할 음식, 과자, 음료의 종류까지 다 적은 편지가 도착했다. 부대 앞에서 만난 아들은 나에게 거수경례했다.

"아빠한테는 충성하는 거 아니라며?"

"뒤에서 선임들이 지켜보고 있잖아."

"저 사람이 선임이야? 그러면 인사 좀 하고 가자."

"그러지 말고 그냥 빨리 여기서 떠나. 답답해 죽겠어."

군대가 힘들긴 힘든 모양이었다. 아들은 하룻밤을 보낼 펜션도 이왕이면 부대에서 멀리 떨어진 곳을 원했다. 되도록 군인들과 만나고 싶지 않다고 했다. 군대라는 환경보다 그 안에서 같이 생활하는 사람이 더 힘들다는 것을 말 안 해도 알 것 같았다. 나는 미리 검색해 둔 목욕탕으로 아들을 데리고 갔다.

"목욕은 왜? 나올 때 씻고 나왔어, 안 씻어도 돼."

"탕 속에 몸을 담그면 긴장도 풀리고 좋아. 그리고 등 좀 밀어라. 너 없으니까 등이 간질간질해서 미치겠다."

아들의 등을 밀어주며 나는 곳곳을 살펴봤다. 몸에 멍이 있고, 어깨 주변 살갗이 까져 있었다. 여전히 팔꿈치에는 때가 꼬질꼬질 모여있었다.

"멍이 왜 이리 많이 들었어? 어깨는 또 왜 까졌고?"

"군인이 훈련받다 보면 자연히 생기는 거야. 이러려고 목욕하자고 했구나."

"어디 다친 곳 없냐고 물어보면, 말하지 않을 거잖아. 내 눈으로 확인해야지. 요즘 구타는 없지?"

"구타는 없고, 얼차려는 간혹 있지."

"우리 때는 치약 뚜껑에 원산폭격하고 그랬는데."

아들은 펜션에 도착해서 옷을 갈아입고 귀에 이어폰을 끼었다. 내일 출발할 때까지 말도 시키지 말라는 이야기와 함께 노트북과 휴대전화, 리스트에 적었던 간식과 음료수를 들고 방으로 들어갔다. 저녁을 먹을 때 잠깐 얼굴을 봤다. 나는 궁금한 것이 많은데 아들은 그렇지 못했다. 짧은 몇 개월 동안 기가 다 빨린 것 같았다. 아들은 속이 허한 허수아비처럼 작은 바람에도 휘청거렸다. 저녁에 술 한 잔하고, 잠깐 선잠이 들었다. 잠결에 현관문 닫히는 소리가 들렸다. 방 안을 살펴보니 아들이 나간 것 같다. 이 새벽에 무슨 일일까 궁금했다. 아들의 뒤를 따라 밖으로 나갔다. 아들은 벌써 펜션을 벗어나 저 멀리 걸어가고 있었다. 따라가려다 그냥 기다리기로 했다. 삼십 분쯤 흘렀을까, 아들이 돌아왔다.

"왜, 안 자고 나와 있어?"

"잠이 안 와서. 너는?"

"잠자기에 시간이 너무 아까워서."

"힘들지?"

"그럼 쉬울까?"

"별의별 사람들이 다 있지? 군대 가기 전에는 사람을 선택해서 만날 수 있었잖아. 싫은 사람은 안 봐도 되고, 하지만 군대는 어쩔 수 없이 24시간을 같이 지내야 하니 얼마나 힘들겠니?"

"이유도 없이 괴롭히는 게 제일 힘들어. 심심해서 괴롭힌다는데 내가 어떻게 할 방법도 없고, 말도 안 통하고 미치겠어."

"별 도움은 안 되겠지만 시간이 약이다. 시간은 흘러간다. 그래도 힘들면 아빠에게 이야기해. 방법을 찾아볼게. 너도 잘 알잖아. 아빠가 1인 시위는 잘해."

"제발 쪽팔리게 그러지 마."

"부대 앞에서 안 하고, 국방부 앞에 가서 할게."

"정말, 왜 그래? 내가 알아서 해. 걱정하지 마."

"알았어! 그럼, 국방부 앞에서 안 하고, 청와대 앞에서 할게. 그럼 됐지?"

"아주 신났네."

"농담이고, 조금이라도 힘들면 연락해, 아빠가 어떻게든 방법을 찾아볼 테니까."

아들과의 대화와 반응을 통해 군대 생활이 얼마나 힘든지, 그리고 아들이 겪고 있는 고충이 얼마나 큰지 느낄 수 있었다. 특히, 아들의 몸에 생긴 상처들과 그가 보여주는 불안한 행동들은 아버지로서 깊은 걱정과 무력감을 만들었다. 아들이 새벽에 홀로 펜션을 나가는 모습에서 그의 내면에 쌓인 스트레스와 혼란이 보였다. 군대 생활에서의 어려움과 그로 인해 생긴 정신적 부담이 상당하다는 것을, 굳이 말하지 않아도 보여주는 것 같았다. 나는 아버지로서 아들에게 농담을 섞어가며 위로하고, 언제든 도움을 줄 준비가 되어 있다는 것을 보여주려고 노력했지만, 별다른 소용은 없는 것 같았다. 농담과 위로에도 아들의 불안과 무력감을 완전히 해소할 수 없었다. 다음 날, 부대 안으로 들어가는 아들의 흔들리는 그림자를 바라봤다. 억장이 무너졌다. 제발 별일 없어야 하는데… 알 수 없는 두려움이 나를 깊게 감쌌다.

09

정말 쇼였을까?

 면회를 다녀온 지 한 달쯤 지났을 무렵 소대장에게 전화가 왔다. 아들이 면도기를 분해해서 면도날만 따로 보관하다 적발되었다고 한다. 소대장은 사람 좋게 웃으며 별일 없으니 걱정 말고, 편하게 면회를 와 달라는 전화였다. 그때 흔들리는 그림자가, 알 수 없는 두려움이 결국 면도날이었구나. 아들은 면도날로 무엇을 하려 했을까?

 아들을 만나기 전 소대장을 먼저 만났다. 소대장은 아들과 면담을 통해서 그동안 있었던 일을 다 들었으며 적절한 조처를 했으니 걱정 말라고 했다. 대대장 역시 이 문제를 심각하게 받아들여 그동안 괴롭혔던 선임은 다른 부대로 전출 보냈고, 내무반은 계급별로, 될 수 있으면 동기끼리 쓰도록 조치했다고 한다. 나는 내 눈으로 봐야 믿을 수 있다며, 내무반 방문을 요청했다. 소대장은 망설이다 어딘가로 전화했다. 잠시 후 나는 면회소를 벗어나 소대장과 함께 내무반으로 들어갔다. 아들이 화들짝 놀라 들고 있던 침구를 떨어뜨렸다. 내가 온다는 사실을 모르고 있었던 모양이다. 나는 내무반을 천천히 둘러봤다. 현대식 건물의 내무반은 침상이 아닌 침대와 개인 캐비닛으로 여덟 명씩 내무반을 쓰고 있었다. 캐비닛에는 계급과 이름이 적혀 있었다. 소대장 말처럼 같은 계급끼리 내무반을 쓰고 있었다.

"반갑습니다. 민간인이 내무반에 들어와서 많이 놀랐죠? 저는 이 친구 아버지입니다. 여기서 누가 선임이죠?"

군인 한 명이 관등성명을 말하며 앞으로 나섰다. 나는 최대한 허리를 굽혀 잘 부탁드린다고 인사했다. 그리고 같은 내무반을 쓰는 모든 군인에게도 허리를 굽혀 인사를 했다. 정신없이 오느라 빈손으로 왔다며 대신 PX에서 맛있는 거 사드시라고 용돈을 선임에게 줬다. 소대장은 그러면 안 된다고 거듭 사양을 했다.

"그럼, 소대장님, 선임이 아니라 아들에게 용돈을 주면 문제없는 거죠? 그럼 재미있게 회식하십시오."

장병들의 우레와 같은 환호 속에서 나는 아들과 부대를 나왔다.

"소대장한테서 면도날 이야기 들었다. 왜 그랬어?"

"그냥 쇼야."

"쇼라고?"

"괴롭혔던 선임은 전출 가고, 동기끼리 내무반 쓰고 다 좋아졌잖아. 동기들도 다 고맙다고 난리야."

"정말 이 모든 게 쇼였다고?"

"치밀한 작전이었지."

"내가 아는 너는 그런 치밀한 작전을 세울 만큼 똑똑하지 않거든."

"아빠가 몰라서 그래, 나 얼마나 치밀하고, 똑똑한데."

아들의 흔들리는 눈동자를 바라본다. 정말 쇼였을까? 아들의 행동이 단순히 '쇼'였다는 말에 의문이 들 수밖에 없었다. 표면적으로는 선임의 괴롭힘을 벗어나기 위한 치밀한 계획이었다고 하지만, 그 계획의 중심에 면도날이 있었다. 정말, 단순한 연극이었을까? 나는 고민했다. 아들의 말처럼 괴롭히던 선임이 전출되고, 내무반이 재편성되었으며, 상황이 나아진 것처럼 보였다. 하지만, 면도날을 분리해 따로 보관하는 행동은 단순한 전략적 행동으로 보기에는 위험하고 극단적인 면이 있다. 아들이 정말로 큰 스트레스나 압박을 받고 있었고, 그로 인해 자해나 더 심각한 행동을 고려했을 가능성을 암시했다. 그러한 상황에서 소대장의 대응으로 일단 상황은 진정되었지만, 여전히 아들의 심리 상태에 대한 깊은 이해가 필요할 것 같았다. 아들의 마음속에는 알 수 없는 불안감이나 두려움이 숨어 있을 것이다. 그래서 나는 아들의 흔들리는 눈동자가 두려웠다. 하지만 아빠인 내가 군대에 있는 아들에게 할 수 있는 일은 아무것도 없었다. 그래서 더 두려웠다.

10
스무 살, 그때 나는?

집으로 돌아온 나는 아들의 흔들리는 눈동자를 잊지 못했다. 내가 할 수 있는 일이 무엇이 있을까 인터넷을 뒤지고, 인맥을 동원해 아들에게 영향을 끼칠 수 있는 군인을 찾았다. 같은 부대의 장교는 아니지만 같은 사단의 장교를 찾았다. 그에게 부탁했지만, 심드렁한 전화 목소리에 힘을 잃었다. 며칠을 고민하다 아들에게 편지를 썼다. 내가 할 수 있는 유일한 방법이었다.

아들에게

이제 넌 스물한 살이 막 넘었지. 믿기지 않겠지만, 아빠에게도 스물한 살이 있었어. 지금은 세 번째 스무 살을 기다리고 있지.

그럼 나는 첫 번째 스무 살에 무엇을 했을까? 나는 대학에 합격했음에도 입학금이 없어 포기해야만 하는 집안 사정이 싫었다. 나는 가난한 부모님이 싫었어. 능력이 없으면 아이를 낳지 말아야 하는 것 아닌가? 삭이지 못하는 분노가 하늘을 찔렀지. 나는 방에서 나오지 않았다. 매일 같이 벽을 치며 울었다. 끼니를 걱정해야 할 가난에 대한 분노였지. 그럼에도 꿈을 포기하고 싶지 않은 열망에 사로잡혔어. 무엇을 어떻게 해야 하는지 매일 밤 고민했어. 하지만 시간이 흐를수록 나는 여러 감정 속에서 스스로 무너져 가고 있었다. 더 이상 살고 싶지 않았어. 모든 것을 포기하고 싶었다. 어느 날 아침, 나는 집을 나섰다. 청량리 깡통시장에서 미국 사람들이나 사용하는 날이 잔뜩 선 면도칼을 샀어. 그리고 기차를 타고 어디선가 내렸고, 기차역 앞에서 버스를 타고 또 어디선가 내렸다. 버스에서 내린 나는 산으로 올라갔어. 산속 작은 암자를 지나쳐 더 깊은 산속으로 들어갔다. 산속이라 그런지 어느새 해가 뉘엿뉘엿 빠르게 지고 있었지. 그때, 뒤에서 나를 부르는 소리가 들렸어. 뒤를 돌아본 순간, 스님이 숨을 헐떡이며 올라오고 있었다.

"어디 가십니까?"

"산 너머 마을에 갑니다."

"산 너머에는 마을이 없습니다. 어서 내려오십시오."

나는 스님을 따라 암자로 들어갔다. 스님은 작은 암자에서 공부 중이라고 했다. 저녁 공양을 준비하는 중에 산으로 들어가는 내 뒷모습을 보고 따라왔다며 아직도 숨을 헐떡였다. 스님은 밤이 깊었으니, 날이 밝으면 내려가라고 했다. 그렇게 저녁을 함께했고, 달이 밝은 마루에 앉아 차를 마셨어. 그때 스님은 혼자 있기에 적적하고, 텃밭도 일구어야 하니 며칠만 같이 있자며 권했어. 그렇게 일주일을 스님과 함께 보냈다. 암자 앞 작은 텃밭을 가꾸고, 암자 옆 텃밭을 새로 일구었지. 일주일 동안 스님은 별말 없이 일만 시켰어. 스님과 함께 아침, 저녁으로 참선했고, 밥을 먹고, 저녁에는 달빛 속에서 산 밑을 내려다보며 차를 한 잔씩 했다.

"그거 아십니까? 아이가 태어나서 언제쯤 걷는지 말입니다."

"보통 돌 지나면 걷지 않을까요?"

"아이가 기어다니다 처음 첫발을 걸을 때까지 보통 이천 번 이상 넘어진다고 하더군요. 그리고 첫발을 떼고 나서 이천 번 이상 더 넘어져야 제대로 걷는다고 하네요."

"그렇게 많이 넘어지는 줄 몰랐어요."

"우리는 모두 이천 번, 아니 그 이상 넘어져도 일어난 저력이 있는 사람들입니다. 그래도 세상이 무섭습니까?"

　며칠 후, 나는 스님의 배웅을 받으며 집에 돌아왔지. 나는 암자에서 뭘 하고 싶은지 고민했고, 집에 돌아와서 지금 당장 할 수 있는 일을 했지. 물론 세상일이 다 그렇듯이 하고 싶은 일을 다 하지는 못했지. 그래도 나는 내 형편에서 그나마 비슷한 꿈을 찾으려 노력했지. 백 프로 만족스럽지는 않아도, 꿈을 포기하지 않았어. 그렇게 두 번째 스무 살을 보냈고, 이제 세 번째 스무 살을 기다리고 있어. 너나, 내가 지구를 지킬 것도 아니고, 나라를 구할 것도 아니잖아. 쉽게 생각하자. 우리는 자신을 지키고, 자신을 구하면 되는 거야. 우리는 이천 번 이상 넘어져도 일어선 경험을 가진 저력 있는 사람들이잖아. 부디 군 생활 마지막 날까지 몸과 마음을 건강하게 지키고, 구하기를 부탁한다.

아들에게 짧은 답장이 왔다.

　그럼, 면도칼은 집안 내력인가? 나라는 못 지켜도, 내 몸 하나는 지킬 테니까 걱정 마세요.

아들의 답장에서 유머와 함께 의연함이 엿보였다. 비록 상황이 여전히 쉽지 않을지라도, 자신을 지키겠다는 다짐이 담겨 있는 듯했다. 아들이 어려움 속에서도 자기 자신을 지키겠다는 의지를 표현한 점에 마음이 놓였다. 그럼에도 아들이 제대할 때까지 불안한 마음은 한시도 떠날 줄 몰랐다.

11

서프라이즈(Surprise)

퇴근 무렵, '수신자 부담'이라는 전화가 왔다. 처음 수신자 부담으로 전화가 왔을 때 당황해서 거절한 기억이 있었다. 학생들이나 군인들이 동전이 없을 때 자주 쓰던 방식이었지만, 요즘은 쉽게 접할 수 없는 전화였다. 십중팔구 군대에 있을 아들의 전화일 것이다.

"아빠, 나 제대했어."

그 한마디에 마음이 복잡해졌다.

"아직 일주일 남았잖아."

"포상 휴가 받아서 일주일 일찍 나왔어."

"그럼, 이야기를 미리 해줘야지."

"아빠 퇴근할 때 기다려서 '서프라이즈' 하려고 했는데,

우리 집이 아니라 남의 집이잖아. 우리 집 이사 갔어?"

"나도 '서프라이즈' 하려고 했지. 지금 퇴근하니까 거기서 기다려. 금방 갈게."

아들이 포상 휴가를 받아 일찍 제대했단다. 그런데 아들이 간 곳은 우리 집이 아니었다. 집을 이사했다는 사실을 알지 못한 아들은, 예전 집 앞에 있었다. 군 생활 중인 아들에게 좋은 일도 아닌 것을 시시콜콜하게 모두 전하는 일은 쉽지 않았다.

"축하한다. 정말 고생 많았다. 일단 집에 가서 옷 갈아입고 저녁 먹으러 가자."

"왜 말도 없이 이사했어? 무슨 일 있어?"

"아빠 나이에도 간혹 넘어지는 경우가 있어. 넘어지고, 일어나고 그런 게 인생 아니겠니?"

"내가 보기에는 간혹 아니라, 자주 넘어지는 것 같은데."

"그래도 아빠는 잘 일어나잖아. 말 나온 김에 '서프라이즈' 이야기 하나 또 해줄까? 엄마와 이혼했다. 안 놀래? 반응이 왜 그래?"

"아빠는 엄마랑 안 친했잖아. 언제 이혼 하나 싶었지."

아들의 말을 듣고 조금 놀랐다. 내가 생각했던 것보다

아들은 훨씬 더 성숙했고, 우리 부부의 관계에 대해 어느 정도 알고 있었다.

"그래도 너한테는 변함없는 엄마고, 아빠야. 서로 더 행복해지려고 내린 결정이니까 이해해 주기를 바란다. 아무튼 미안하게 됐다."

"미안하긴 뭐가 미안해. 엄마, 아빠도 자기 인생이 있는 거잖아. 그렇게 미안하면 용돈이나 줘."

"넌 어떻게 군대를 다녀와도 기승전 결론은 용돈이냐?"

농담 섞인 아들의 말에 가벼운 웃음이 터졌다. 군대에서 돌아온 아들은 그 전보다 더 어른스러워졌고, 인생의 변화에 대해 긍정적으로 받아들이는 모습이 기특했다. 새로 이사한 집은 예전 집보다 작았다. 아들은 방 안을 둘러보며 당황한 듯 보였지만, 나름 표정 관리를 하고 있었다.

"전보다 집이 좀 좁지? 너는 아빠랑 살아도 되고, 엄마랑 살아도 돼. 네가 결정해."

아들은 잠시 고민하다 대답했다.

"여기 있을래."

"왜, 엄마랑 살면 몸이 편할 텐데."

"몸이 편한 것보다 마음이 편한 게 더 중요해. 엄마는 잔

소리가 많아서."

아들의 말에는 혼자 지낼 아빠의 걱정이 묻어나 있었다. 아무튼 아들의 결정은 나에게 큰 위로가 되었다. 삼겹살을 먹는 저녁 식사 자리였다. 군대를 다녀온 아들은 예전과 다르게 스스로 고기를 굽기 시작했다. 어설픈 가위질에 나도 모르게 손이 나갔다.

"이리 줘. 아빠가 할게."

"아니야. 서툴러도 내가 할게. 자주 하다 보면 늘겠지. 그게 인생 아니겠어?"

"갖다 붙이기는, 뭐든지 처음이 어렵지 하다 보면 어느새 익숙해지지."

나의 세상 살기가 너무 복잡하고, 힘들었기 때문일까? 처음엔 서툴지만, 계속하다 보면 결국 익숙해지고, 그런 단순한 과정들이 삶이라는 것을 아들이 알았으면 좋겠다. 아들만큼은 나처럼 세상을 힘들고, 복잡하게 살지 않았으면 좋겠다.

"그래서 말인데 내 진로를 정했어."

"군대에서 고민 많이 했나 보네. 어떻게 정했는데?"

"나 배우할래. 연기하고 싶어."

"대학에서 연극 동아리 할 때부터 짐작은 했는데, 정말 배우가 하고 싶어?"

"아빠가 하고 싶은 거 하면서 사는 게 행복이라며."

"그래도 다시 한번 생각해 봤으면 좋겠는데."

"생각 많이 했어. 일단 단역배우나 연극무대에서 연기 경험을 쌓고, 차차 오디션 보면서 성공해야지."

"초 치는 것 같아서 미안한데 우리나라 연극영화과, 방송연예과 등등에서 일 년에 몇 명이 졸업하는 줄 알아? 거기다 대학로 극단이나 연기학원에 다니는 학생들까지 엄청난 배우 지망생들이 있어. 그런데 할 수 있겠어?"

"이왕이면 유명인이 되고 싶지만, 성공 못해도 좋아. 하고 싶은 거 하면서 살래."

아들의 결정에 마음 한편이 무거워졌다. 배우라는 길이 얼마나 힘든지, 수많은 경쟁자 속에서 살아남는 것이 얼마나 어려운지 나는 누구보다 잘 알고 있었다. 나 역시 배우의 꿈을 꾼 경험이 있었기에 말리고 싶었지만, 결국 그의 선택을 존중하기로 했다.

"그래, 인생은 생각보다 짧다. 하고 싶은 거 하면서 사는 게 행복이지. 열심히 해봐. 응원할게."

나는 소주 한 잔을 입에 털며 혼잣말로 중얼거렸다.

'오늘 하루는 정말 '서프라이즈'의 연속이네. 이제는 '서프라이즈'가 싫다.'

그날 저녁, 나는 아들이 선택한 길을 지켜보며, 나 역시 내 삶에서의 또 다른 시작을 준비해야겠다고 생각했다. 인생은 계속해서 변하고, 그 변화를 받아들이는 법을 우리는 배우며 살아간다.

12
차가운 감정의 슬러시

제대를 앞둔 아들과 화해하고 싶었다. 우리 사이엔 오랜 시간 쌓여온 차가운 감정의 슬러시가 마음속 깊이 얼어 있었다. 그 시작은 아들이 고등학교 3학년 때였다. 아들은 연극영화과에 진학하고 싶어 했고, 나는 그 결정을 받아들이기 어려웠다. 아들이 그 꿈을 선택한 이유가 단순히 공부가 힘들어서가 아닌가 의심이 들었다. 더구나 연기학원을 보내달라는 말이 어쩐지 무책임하게 느껴졌다.

"연기가 쉬운 줄 알아? TV에 나오는 배우들이 금방 그렇게 될 것 같아? 연기학원 다니는 애들은 초등학교 때부터 춤, 노래, 연기 다 준비했어. 전국에서 해마다 수천 명의 연기자가 배출되고, 대학로에도 무수히 많은 배우들이 무대에서 노력하고 있단 말이야. 연기를 쉽게 생각하지 마."

"유명해지면 좋겠지만, 유명하지 않아도 연기자가 되고 싶어."

"그럼 대학 가서 연극반이라도 들어. 원하면 극단에 소개도 해줄 수 있어. 하지만 연극영화과는 안 돼. 그리고 연극영화과는 공부를 잘해야 갈 수 있는 데야. 지금 네 실력으론 지방대 연극영화과도 어려워. 그러니까 공부나 열심히 해."

"엄마가 연기학원에 보내준다고 했어."

"네가 연기학원에 간다면, 집에 들어올 생각은 하지 마."

"도대체 내 말을 왜 믿어주지 않는 거야."

"아버지로서 세상을 살아 보니 그런 거야. 어느 부모가 진흙탕 길을 걷겠다는 아들을 보고 가만히 있겠냐? 바로 앞에 아스팔트가 깔려 있는데."

"아스팔트든, 진흙탕이든 내 선택이야."

"너는 아직 미성년자야. 부모의 보살핌이 필요할 때야."

나는 끝내 연기학원을 허락하지 않았다. 아들이 고개를 떨구고 돌아서는 모습에 내 선택이 옳다고 스스로를 다독였다. 그러나 그 순간부터 우리의 가슴엔 풀리지 않는 앙금이 남았다.

  그러던 어느 날, 엄마가 몰래 보내준 연기학원에 다니는 아들의 모습을 목격하게 됐다.
"네가 아빠 말을 무시하는 거야?"
"잘못했습니다."
"필요 없어. 집에서 나가서 네 마음대로 살아."
"연기학원 그만두겠습니다."
"왜? 연기자가 되고 싶다며."
"연기자는 되고 싶습니다. 대신, 아빠 말씀대로 대학 가서 연극반에 들든, 극단에 들어가 배우겠습니다."
"집에서 나가라는 말에 그냥 하는 소리지. 꼼수 부리지 마."
"연기학원에 가보니 제가 많이 늦었다는 걸 깨달았습니다."
  그때 아들은 자신의 결심을 보여주기 위해 머리를 깎겠다고 했다. 그 말에 진정성이 느껴졌다. 물러날 때가 왔다 싶었다.

"머리를 깎을 필요까지는 없어. 네 말을 믿을게."

"다른 생각 안 나도록 머리를 깎겠습니다."

"그렇다면, 나도 네 결심에 맞춰 머리를 **빡빡** 깎겠다. 너는 내 머리를 보며, 나는 네 머리를 보며 서로 약속을 기억하자."

여기서 잠깐, 혹여 이 글을 읽고, 아들과 같이 머리를 깎아야지 하는 아버지들이 있을까 봐, 겁이 나 충고 하나 합니다. 아들은 두 달 정도가 지나 예전 머리로 돌아왔지만, 아빠인 나는 육 개월이 넘어도 예전 머리로 돌아오지 않습니다. 제발 심사숙고하십시오.

13

이외수 문학교실

 그러던 어느 날, 아는 지인을 통해 이외수 문학교실 이야기를 들었다. 한 달에 한 번, 일 년 동안 화천의 이외수 문학관에서 진행되는 1박 2일짜리 프로그램이었다. 아들의 제대 날이 마침 그 문학교실의 시작과 겹쳤다. 우리는 이외수 작가의 작품을 좋아했기에, 함께 문학교실에 참여하자는 편지를 보냈다. 다행히 아들은 흔쾌히 응답했고, 나는 이외수 작가에게 아들과의 화해를 위해 신청한다는 긴 글의 신청서를 보냈다.
 40명 정원의 문학교실은 경쟁률이 치열했지만, 다행히 진심이 닿았는지 우리는 그 자리에 참여할 수 있게 되었다. 입학식 날, 문학관 강당에 도착해 보니 내가 최고령 학

생이었고, 아들과 나는 이 문학교실의 첫 부자 수강생이었다. 서로 다른 자리에서 앉아 있던 우리 부자는 그저 묘한 눈빛을 주고받았다.

 강의가 끝나면 문학관에서는 이외수 작가와의 뒤풀이가 이어졌다. 모두가 술잔을 들고 늦게까지 문학과 인생 이야기를 나누며 밤을 보냈다.
"아빠, 안 자?"
"문학은 언제나 뒤풀이에서 나오는 거야. 뒤풀이만 잘 챙겨도 훌륭한 작가는 아니어도 나름 괜찮은 작가가 될 수 있지."
 술을 마시며, 농담도 하며, 문학에 관한 나만의 사유를 공유하며 밤샐 각오로 대화를 나눴지만, 결국 아들보다 내가 먼저 술에 취해 구석에 쓰러졌다.

 다음 날 아침, 잠든 나에게 침낭을 덮어주고, 내 옆에서 자는 아들이 있었다. 그렇게 우리는 숙제를 함께하고, 토론을 나누며 점점 가까워졌다. 처음 문학관에 오던 날, 차 안에서 잠만 자던 아들은 어느새 차 안에서 질문을 던지고, 문학에 대해 토론하며 오고 가는 길을 즐기기 시작했다. 한 달에 한 번, 문학관을 다니는 동안 차가운 감정이 조금씩 녹아내리는 게 느껴졌다.

문학교실에서 열리는 뒤풀이 시간에는 매번 수강생들이 돌아가며 자기소개와 노래를 하는 시간이 있었다. 수강생이 많다 보니 순서를 기다리는 데에 몇 달이 걸렸다. 마침내 차례가 다가오자 나는 무대 위에 올랐다.

"안산에서 왔습니다. 저는 늦게 글공부를 시작한 사람이고, 이 친구는 제 아들입니다. 방금 제대한 따끈따끈한 대학생이죠. 우리 부자는 이외수 선생님을 무척 좋아합니다. 오늘 노래는 같이 부르겠습니다. 세트니까요."

분위기는 나름 유쾌했지만, 사실 나는 노래를 못 부른다는 걸 알고 있었고, 그래서 아들이 노래를 부르면 뒤에서 춤을 추며 입만 맞춰주기로 했다. 아들이 어떤 노래를 준비했는지 물어볼 걸 그랬다.

"제가 부를 노래는 드렁큰타이거의 '몬스터'입니다."

아들이 이렇게 외치는 순간, 나는 살짝 당황했다. 처음 듣는 노래였다. 아들은 곧 음악에 맞춰 힘차게 노래를 시작했다.

"밤 밤 바바바 밤(발라버려) 밤 밤 바바바 밤(발라버려)~"

아들이 무대 위에서 관객들의 호응을 유도하며 랩을 하는 모습에 순간 아무것도 할 수 없었다. 노래하는 아들 뒤에서 술에 취한 장승처럼 얼굴이 붉어지며, 손발이 오그라들었다. 그런 나를 무대 위에 올려놓고, 아들은 자신만만하게 무대를 휘어잡았다. 얼굴이 빨개진 나는 그저 얼이 빠져 주저앉았다. 무대 뒤에서 쪼그리고 앉아 아들의 공연을 감상할 수밖에 없었다.

춤과 랩을 하는 아들을 바라보며 나름 아들을 다 안다고 생각했지만, 그건 나만의 착각이었다는 것을 깨달았다. 무대 위에서 자유롭게 손짓하며 "발라버려!"를 외치는 아들의 모습은 내게 새로운 충격을 주었다. 그동안 내가 아들을 다 아는 척하며 충고했던 모든 순간이 미안해졌다.

14

아들이 나보다 생각이 깊었다

　제대한 아들은 복학까지 남은 시간 동안 책을 읽으며 시간을 보내고 있었다. 때마침, 친구가 아들의 안부를 물으며 한 달간 자신이 운영하는 공장에서 일을 도와달라고 부탁했다. 군대를 다녀온 아들에게는 더 나은 기회일 수 있겠다 싶어 조심스럽게 이야기를 꺼냈다.

　"건설현장 아르바이트보다는 힘도 덜 들고, 용역비 떼일 걱정도 없어. 직원 일당으로 쳐준다고 했으니까, 돈도 꽤 될 거야. 게다가 친구 아들인데, 설마 힘든 일을 시키겠어?"

　아들은 마지못해 친구의 공장에서 일을 하기로 했다. 그곳은 분수를 제작하는 공장이었고, 아들의 역할은 자재 준비와 작업 정리, 주변 청소 같은 잡일이었다. 주된 작업이 파이프 용접이다 보니, 아들은 용접하는 사람들을 보조하며 수발을 드는 역할을 맡았다. 일이 생각보다 고된 탓에 아들은 매일 같이 집에 와서 불평을 늘어놓았다.

"아빠, 가까이에 물건을 놓지 않았다고 욕을 하고, 파이프를 자르라고 하더니 몇 개나 잘라야 하는지도 안 알려 줘. 대충 알아서 하라는 말만 하고, 눈치껏 잘라놓으면 시키는 것도 못하냐며 또 욕을 해. 난 일을 하러 간 건지, 욕먹으러 간 건지 모르겠어."

"아빠 친구는 뭐래?"

내가 조심스레 물었다.

"사장님? 하루에 한 번 아침에 나오고, 저녁에 잠깐 와서 얼굴 보기도 힘들어. 사장님이 나를 데리고 왔다고 더 괴롭히는 것 같아."

아들의 불만에도 불구하고, 나는 부탁을 한 입장이라 그만두라고 말할 수 없었다.

"한 달 약속했으니, 아빠 얼굴 봐서라도 참아봐."

투덜거리면서도 아들은 다음 날이면 어김없이 한 시간 일찍 출근했다. 아들이 정시에 퇴근할 때, 공장 직원들은 종종 야근했다. 그 때문에 직원들이 출근하기 전 어제 작업한 것을 미리 정리해 두는 일이 중요했다. 그리고 마지막 주에는 전라도 광주로 출장까지 갔다. 그동안 제작한 분수를 설치하는 작업에 아들은 잡부로 따라갔다. 출장에서 돌아온 아들은, 자신이 속았다며 더 이상 아빠 말을 믿지 않겠다고 선언했다.

"출장을 같이 간 사람 중에 아무도 핸드폰 충전기를 안 가져왔어. 일주일 동안 다섯 명 핸드폰을 자다 깨다 하면서 번갈아 가며 충전했어. 그리고 왜 그렇게 술을 많이 마시는 거야? 아침밥 먹을 때부터 술을 마시기 시작해서 참이 나올 때마다, 점심때도, 저녁때도 마시더라. 나는 술 심부름만 하다 끝난 기분이야. 일하면서 아빠 욕을 얼마나 많이 했는지 몰라. 아빠는 나를 사지로 몰아넣고, 편하게 있었겠지?"

"미안하다, 힘들었지. 그래도 돈은 꽤 벌었잖아?"

"사장님이 출장비까지 다 계산해 줘서 생각보다 많이 받긴 했어."

아들은 한동안 나를 원망하며, 다시는 내 말을 믿지 않겠다고 투덜거렸다. 아들의 눈치를 보며 피해 다니는 날들이 이어졌다. 나는 아들에게 추앙받는 아버지가 되고 싶었지만, 이번 일로 인해 그 꿈은 물거품이 된 듯했다. 며칠 후, 친구와 저녁을 먹으며 아들이 어떻게 일했는지 이야기를 나누게 됐다.

"너희 아들? 직원들에게 욕도 많이 먹었을 텐데 인상 한 번 안 쓰고 일 잘하더라. 점심시간에도 밥을 먹고 나면 쉬지 않고 다시 일을 시작하더라고. 남들 쉴 때 작업장 청소도 하고, 화장실 갈 때 빼고는 쉬는 법이 없었어. 그래서 한 번 물어봤지. 왜 안 쉬냐고? 그랬더니 작업자들 일할 때 틈틈이 쉬었다면서 괜찮대. 그래도 커피나 담배 한 대 피우면서 쉬라고 했더니, 자기는 담배는 안 피우고, 커피 대신 콜라가 좋다고 하더라. 그래서 내가 냉장고에 콜라를 쟁여놨지. 광주 출장 다녀온 마지막 날에는 작업자들이 그동안 수고했다고 용돈까지 주던데. 아르바이트생한테 용돈까지 주는 건 처음 봤어. 일은 서툴렀지만, 마음에 들었다는 거지."

친구의 이야기를 듣고 깜짝 놀랐다. 집에서 매일 투덜거리던 아들이 공장에서는 성실하게 일하고 있었다는 사실에 놀랐다. 집에 돌아와 아들에게 물었다.

"친구 만나서 이야기 나눴는데 너 칭찬 많이 하더라. 도대체 어떻게 된 거야?"

아들은 심드렁하게 대답했다.

"내가 일은 못해도 성실해야 아빠가 욕 안 먹을 거 아니야. 그래서 욕을 먹어도 참았고, 쉬지 않고 일했어. 다 아빠 생각해서 한 거야."

아들의 말에 가슴이 뭉클해졌다. 아들은 내가 생각했던 것보다 훨씬 어른스러웠고, 나보다 더 깊은 생각을 하고 있었다.

'아들, 이제 보니 너 좀 멋진데?'

15
단역 알바 체험기

 대학을 졸업한 아들은 본격적으로 단역 알바라는 거대한 인력 시장에 뛰어들었다. 단역 알바란 영화나 드라마에서 엑스트라 역할만을 전문적으로 하는 일을 말한다. 아들은 대학 시절 연극 동아리 활동과 영상 제작 경험, 연기 수상 경력이 있어 엑스트라 중에서도 대사가 있는 역할을 맡을 때도 있었다. 집합 장소는 주로 여의도 일대였고, 집합 시간은 새벽이었다. 아들은 촬영을 위해 해가 질 무렵 캐리어를 끌고 여의도로 향하곤 했다. 촬영이 일찍 끝나면 집에 오지만, 늦게 끝나거나 차편이 없을 때는 찜질방에서 잠을 청했다.
 "아빠, 찜질방이 동네 찜질방이랑 달라. 더듬이도 많고,

도둑도 많아. 잠을 도저히 잘 수가 없어."

"도둑은 알겠는데, 더듬이는 뭐야?"

"자는 척하며 옆에 누운 사람을 더듬어. 처음에는 깜짝 놀라서 뭐라 말도 못했어."

"그럼, 지금은?"

"지금은 요령이 생겨서 벽에 붙어서 자다가 누가 건들면 '한 번 더 건들면 죽여버린다.' 한마디 하면 가버려."

"세상 참 희한하네. 그럼, 단역 알바는 할 만해?"

"오래는 못하겠지만, 현장을 배울 수 있어서 좋아. 한동안은 해보려고 해. 근데, 아빠 나 운동화 좀 사줘. 이번 배역에 하얀 운동화를 신고 오라는데 하얀 운동화가 없어."

운동화를 사달라는 아들에게 나는 물었다.

"너도 돈을 벌고 있는데 왜 사달라고 하나?"

"일당이 최저임금인데, 찜질방에서 자고, 밥 먹고, 차비 하면 남는 게 없어. 이번 배역은 주인공의 젊은 시절을 연기하는 역할이라 대사도 있고, 단독 샷도 있어. 십 분 이상 출연할 것 같아. 잘 되면 단역에서 조연으로 한 계단 오를 수 있을 것 같아."

아들이 장바구니에 담아둔 운동화는 20만 원이 넘었지

만, 다가올 생일선물로 대신하는 조건으로 사주었다.

　며칠 후, 조연급 역할을 맡은 아들은 지친 모습으로 집에 돌아왔다. 새로 산 운동화는 더 이상 신을 수 없을 정도로 엉망이 되어 있었다.

　"조감독이 시대 배경이 1960년대라며 내 새 운동화를 흙탕물에 빨았어. 그럴 거면 헌 운동화를 신고 오라고 말해줬어야지! 하루도 못 신고 버리게 생겼어. 아빠, 그쪽 사람들 정말 너무해. 아주 조금만 친절하게 대해주면 안 되는 건가? 촬영장에서는 우리를 배우로 취급하지 않아. 장비나 소품이 우리보다 더 대접받는 것 같아. 비 오면 장비엔 비닐 덮어주고, 더우면 선풍기도 틀어주면서 말이야. 우리 단역배우들은 신경도 안 써. 나, 이 일 더럽고 치사해서 더는 못하겠어."

　며칠 후, 아들이 출연한 드라마가 방영되었다. 조연급 단역이라더니 정말로 십 분 넘게 아들의 얼굴이 화면에 비쳤다. 얼굴이 클로즈업되며, 대사도 있는 장면들도 많았다. 그동안 엑스트라로 밀려서 지나가거나, 뒷모습만 보였던 것과는 달리, 이번에는 진짜 연기를 했다고 할 수 있었다. 아들은 방송을 보고 나서 단역배우 일을 그만둔 것이 아쉽기도 했지만, 좋은 경험을 했다고 스스로 위로했다. 그리고 자신의 포트폴리오에 쓸 한 줄이 생겼다며 기뻐했다. 그렇게 두어 달 진행된 아들의 단역 알바는 대단원의 막을 내렸다.

이제 아들 방에서는 뭔가 다른 소리가 들리기 시작했다. 음악 소리가 크게 울리며 랩을 따라 부르는 듯했다. 저러다 래퍼가 되겠다고 할까 봐 겁이 났지만, 한편으로는 아들이 또 무엇을 하게 될지 궁금해졌다.

16
오사카로 출발

 몇 개월의 단역 알바는 생각보다 후유증이 컸다. 내가 알지 못하는, 아니 알 수 없는 상처가 많은 모양이었다. 한 달을 방에 들어앉아 좀처럼 세상 밖으로 나가지 않았다.
 "그렇게 방에만 있지 말고 카페나 편의점 알바를 해보는 건 어때? 배우는 많은 경험이 필요하잖아. 경험도 쌓고, 용돈도 벌고 일거양득이네. 혹시 벌써 배우를 포기한 것은 아니지?"
 "포기는 아니야. 정리가 필요할 뿐이야."
 "정리가 필요하다는 것은 인정, 하지만 구덩이를 오래 파다 보면 나중에 깊어져서 나오지 못해. 적당히 파고 얼른 나와."

아들은 어릴 때부터 정리가 필요하다는 말을 자주 했다. 마음의 정리가 끝나면 아들은 움직일 것이다. 다만 정리가 언제 끝나느냐가 문제였다. 며칠을 더 기다리다 아들에게 여행을 제안했다.

"일본 가봤어?"

"제주도도 못 갔거든."

"아빠랑 일본 갈래?"

"경비는 내가 내고, 넌 가이드 해."

"나 일본말 못해."

"구글이 다 알려줘. 블로거들이 비행기 타고 내리는 법, 관광하는 법, 맛집 다 알려주니까 검색만 하면 돼. 걱정 말고 일정 짜 봐."

 아들은 호기심 가득한 눈으로 나를 바라보다 '좋아'를 외쳤다. 장소는 교토와 오사카로 정했다. 내가 요즘 소설 금각사에 푹 빠졌다. 불을 지르고 싶을 정도로 아름다운 곳, '금각사처럼 아름다운 것은 이 세상에 없다'라는 소설 속 문장을 꼭 눈으로 확인하고 싶었다. 윤동주가 다녔던 도시샤 대학도 교토에 있었다. 그곳에는 윤동주, 정지용 시비도 있다. 그 옛날 윤동주, 정지용이 앉았을 의자에 나도 앉고 싶었다.

며칠 후, 아들은 일주일 동안 검색한 결과를 브리핑했다.
"일차로 검색한 결과를 말씀드리겠습니다. 오사카 1일, 교토 1일, 다시 오사카 1일, 3박 4일 일정입니다. 숙소는 오사카로 잡았습니다. 먼저 자료를 보시고 부족한 부분이 있으면 질문받겠습니다."
"저는 먹는 게 중요한 사람입니다. 자료에 올라온 음식점들은 대부분 질이 떨어지는 것 같습니다. 수정 부탁드립니다. 예를 들어 둘째 날 아침, 지하철역 앞 식당은 사진과 메뉴를 보니 김밥천국 느낌이 납니다."
"참고로 일본 물가가 생각보다 훨씬 비쌌습니다. 음식의 질을 높이면 아빠의 재정 상태를 미루어 봐 타격이 심할 것 같습니다. 괜찮겠습니까?"
"일본까지 가서 노숙자처럼 먹기는 싫습니다. 갔다 와서 간장에 밥을 먹더라도 일본에서는 고급 음식과 술을 먹고 싶습니다."
"특별히 먹고 싶은 음식이 있습니까?"
"전통 있는 음식점에서 제대로 된 오마카세를 먹고 싶습니다."

"오마카세라… 다녀와서 간장도 없는 맨 밥을 먹을 수 있다는 사실을 다시 한번 주지시켜 드립니다."

"감수하겠습니다."

"마지막으로 당부 말씀드리겠습니다. 아들이 아닌 가이드로서 드리는 말씀입니다. 일본에서 아빠가 내 말을 안 듣는 경우, 몸을 못 가눌 정도로 술에 취할 경우, 독도 문제, 위안부 문제, 기타 등등 문제로 일본 사람들과 시비가 붙는 경우, 저는 뒤도 안 돌아보고 혼자 출국하겠습니다. 이 부분은 절대 타협의 여지가 없습니다."

"조심하겠습니다."

나에게 일본은 처음이 아니었다. 이미 여러 지역을 다녀온 경험이 있었다. 그런데 아들은 나 역시 일본이 처음이라 생각한 모양이었다. 공항버스 안에서 아들은 출입국 절차를 메모(한국어로 적은 일본어)한 노트를 연신 들여다보며 외우고, 또 외우고 있었다. 나는 그 모습을 보며 히죽히죽 웃다 나도 모르게 잠을 잘 잤다.

"야, 저기 비행기 있다. 정말 크네. 사진 한 장 찍자."

"창피하게 왜 그래? 공항 처음 와봐?"

"제주도 갈 때 김포공항은 가봤는데, 인천공항은 처음이야. 정말 크네."

나는 해외여행이 처음인 것처럼 아들의 옷깃을 붙잡고 느릿느릿 걸었다. 아들이 날 보며 눈을 가늘게 뜨고는 장난스럽게 물었다.

"아빠, 왜 자꾸 내 옷깃을 잡지?"

나는 일부러 심각한 표정을 지으며 말했다.

"나, 버리고 갈까 봐. 현대판 고려장은 늙은 부모를 외국에 버리고 간다고 하잖아."

그러자 아들이 피식 웃으며 대답했다.

"혹여, 여행 중에 길을 잃어버리면 돌아다니지 말고, 그 자리에서 기다려. 어떻게든 내가 찾으러 갈게. 알았지?"

"어휴, 듬직해. 가이드님, 일본 여행, 잘 부탁드립니다."

17

깐깐한 놈

인천공항에서 출발해 2시간이 안 되어, 간사이 국제 공항에 도착했다. 내내 아들의 옷깃을 잡고 걷던 나는, 짐 찾는 곳에서 아들이 반대 방향으로 가는 걸 알았지만 모르는 척 뒤 따라갔다. 얼마 지나지 않아 아들이 고개를 갸웃거리며 되돌아섰고, 나는 말없이 그 뒤를 또 졸졸 따랐다. 몇 번을 그렇게 왕복하며 길을 찾다 간신히 짐을 찾았다. 아들의 얼굴에는 당황과 불안 그리고 긴장감이 서려 있었다.

"저기, 가이드님. 이제 어디로 갑니까?"

내가 조심스럽게 물었다.

"전철 타고 오사카 시내로 들어갑니다. 잠깐만 기다려 주세요. 여기 너무 복잡하네. 내가 본 블로그랑은 사진이다 달라. 잠시만 더 검색할게."

"그럼, 저를 따라와 주시죠?"

"어디 가려고?"

아들이 의아한 표정으로 물었다.

"저 앞에 걸어가는 커플 있잖아. 비행기에서 우리 옆에 앉았던 커플이야. 그 사람들이 전철 타고 오사카로 간다고 했어. 그 사람들 따라가면 될 것 같아."

"스토커라도 된 거야? 왜 남의 뒤를 따라가?"

아들은 나를 노려봤다.

"그런 게 아니라 그냥 목적지가 같을 뿐이야. 더 멀어지기 전에 따라가자."

커플을 따라 전철역을 쉽게 찾고, 그들이 표를 끊는 걸 보며 우리도 표를 샀다. 그런데 열차에 오르자, 아들의 표정이 굳어 있었다.

"왜 그래?"

"내가 알아서 한다니까 왜 나를 못 믿어?"

아들의 목소리에 날이 서 있었다.

"못 믿는 게 아니라…"

"시간이 조금 걸려도 난 내 힘으로 하고 싶었단 말이야."

"하지만 쉽게 가는 방법이 있으면…"

"그건 아빠 방식이지, 내 방식은 아니야. 분명히 말했잖아, 무조건 내 말을 따르기로 했잖아. 기억 안 나?"

나는 한숨을 내쉬며 고개를 끄덕였다.

"기억나. 그런데…"

"그런데는 없어. 내 방식을 따르기 싫으면, 지금부터 각자 여행해."

난바역에 내렸을 때는 아들과 사이가 이미 냉랭해 있었다. 복잡한 역 안에서 나는 캐리어 위에 앉아있고, 아들은 핸드폰을 들여다보며 길을 찾고 있었다. 지금 서 있는 난바역이 6개나 되는 난바역 중에서 어느 난바역인지도 모른 채 아들은 핸드폰 지도를 보며 헤매고 있었다. 그렇게 우리는 수많은 인파 속에서 헤매기 시작했고, 걷고 또 걸었다. 두 번이나 같은 곳으로 돌아오자, '당황'이라는 두 글자가 아들의 이마에 쓰여 있었다.

"저기 역무원한테 가서 물어보자."

"지도가 이상해."

"그러니까, 역무원한테 물어보자고."

"아니야, 내가 찾을 수 있어."

더 이상 걸을 힘이 없었다. 나는 역무원에게 다가가 길을 물었다. 역무원은 친절하게 환승역까지 안내를 해주고, 표도 대신 끊어주었다. 그런데 따라왔으리라 생각했던 아들은 보이지 않았다.

'아이고, 젠장 또 삐졌구나. 어쩌지?'

나는 그 자리에 앉아 아들을 기다렸다. 삼십 분이 지나서야 아들이 나타났다.

"길 물어본 게 그렇게 큰 잘못이야?"

내가 먼저 입을 열었다.

"길 물어본 게 잘못이 아니야. 잘못은 아빠가 나를 믿지 못한 거지."

"한 시간을 넘게 같은 길을 빙빙 돌았잖아. 너는 아빠가 힘든 건 보이지 않니? 너의 자존심만 중요한 거야?"

목소리가 점점 커졌다. 지쳐버린 나는 지갑을 꺼내 아들에게 돈을 건네며 말했다.

"따로 여행하던지, 말든지 이제 네 마음대로 해. 나는 더 이상 못 걷겠어."

호텔로 돌아와 침대에 누운 나는 여러 생각이 밀려왔다. 아들이 계획을 세우느라 얼마나 고생했을까? 내가 좀 더 참았어야 했을까? 자식 이기는 부모 없다는데 내가 먼저 사과해야 하나? 전화를 할까? 이런저런 생각을 하고 있는데, 문이 열리고 아들이 들어왔다. 말없이 비닐봉지를 나에게 건네주었다. 봉지 안에는 파스가 들어 있었다.

"허리 아프다며."

아들은 퉁명스럽게 말하며 창밖을 보고 있었다. 나는 살며시 미소 지으며 바지를 내리고 침대에 누웠다.

"파스나 붙여봐. 거기, 허리."

아들은 아무 말 없이 파스를 붙여주었다.

"씻고, 옷 갈아입어. 오늘 저녁은 뭐 먹을 거야?"

"식당은 가까워. 먹고 와서 씻을게. 어서 나와."

아들이 서둘러 현관문을 나가자, 나는 문밖까지 들리도록 큰 소리로 외쳤다.

"파스 고맙다."

18

사과는 힘들어

왜 남자들은 사과를 하지 못할까? 자존심 때문일까, 아니면 사과를 하면 진다고 생각하기 때문일까? 아니면 사과로 인해 갈등이 더 깊어질까 봐 두려운 걸까? 우리는 '미안해'라는 단순한 말 한마디가 그렇게 어려웠다. 아들과 함께했던 오사카 여행은 '미안해' 그 말 한마디가 어려워 모든 일정이 삐걱거리기 시작했다. 우리는 서로 하고 싶은 말을 삼켰고, 맛있는 음식을 먹으면서도 '맛있다'라는 말 한마디조차 하지 못했다. 아름다운 풍경을 보면서도 감탄을 나누지 못했다. 아들은 그런데도 하루에 20,000보 넘게 걸었다. 나는 그의 눈치를 보며 "잠시 쉬었다 가자"는 말도 못했다.

도톤보리에서 다코야키를 먹기 위해 줄을 서야 했을 때였다. 잠시 다리 난간에 기대 쉬며 거리에서 선전전을 하는 사람들을 보았다. 선전전 모습은 우리나라와 크게 다르지 않았다. 전단지를 나눠주는 사람, 서명을 받는 사람. 나는 무슨 내용으로 서명을 받는지 궁금해 번역기를 켰다. 원전 반대, 기후 위기, 환경보호를 위한 서명이었다. 무심코 서명대 앞으로 다가서려던 그때, 아들이 내게 말을 걸었다.

"지금 뭐 하는 거야?"

아들의 목소리엔 짜증이 묻어 있었다.

"서명하려고."

내가 대수롭지 않게 대답했다.

"서명을 왜 해? 아빠가 일본 사람이야?"

"이런 건 국적하고 상관없어. 외국인이 서명하면 더 힘이 될 수도 있잖아."

"아빠, 우리 일본 올 때 문제 만들지 않기로 약속했잖아. 서명하지 마."

나는 한숨을 내쉬며 서명했고, 원전 반대 배지가 내 손에 남았다. 다코야키 줄을 서던 곳으로 돌아왔을 때, 아들은 도톤보리 다리 너머로 사라지고 있었다.

"야! 다코야키 안 먹어?"

나는 소리쳤지만, 아들은 뒤도 돌아보지 않았다.

다리 위에서 나는 외쳤다.

"너 몇 살이야? 미운 일곱 살이야!"

그날 밤, 우리는 작은 식당에서 술을 곁들인 저녁을 먹었다. 나는 하이볼 한 잔을 주문했다.

"이게 하이볼이야. 일본에 왔으면 꼭 마셔봐야 하는 술이지. 도수는 약하니까 한 번 맛봐."

아들은 하이볼을 한 모금 마시더니 눈을 반짝였다.

"어때? 맛있지? 한 잔 시켜줄까?"

아들은 말없이 고개만 끄덕였다. 그렇게 한 잔, 두 잔, 어느새 다섯 잔을 마셨다. 평소 소주 한 병도 못 마시던 아들이 이렇게 많이 마시는 걸 보고 나는 속으로 놀랐다. 그때였다. 아들이 취한 얼굴로 나를 바라보며 입을 열었다.

"아빠는 왜 사과를 안 해?"

나는 뜬금없는 '사과'라는 말에 당황했다.

"내가 뭘 잘못했는데? 그리고 사과는 네가 해야 하는 거 아니야?"

"아빠는 나를 절대로 존중해 주지 않아. 나를 그냥 무시해. 아빠가 먼저 사과해. 그러면 나도 사과할게."

"먼저 사과하면 자존심이 상하니? 아빠가 어른인데 아들이 먼저 사과해야지."

"부자지간이고 뭐고, 먼저 잘못한 사람이 사과하는 거야. 그리고 나 이미 사과했어."

나는 순간 멈칫했다.

"언제? 난 기억이 없는데."

"파스 사다 줬잖아. 그게 사과야."

나는 그 말을 듣고 한참을 생각했다.

"그래, 그때 나도 고맙다고 했지. 그게 내 사과였어."

"제발, 나한테 사과해 줘. 나 좀 존중해 달라고."

아들의 목소리는 떨렸고, 눈가가 붉어져 있었다. 아들의 말이 진심이라는 걸 느꼈다. 그동안 내가 생각 없이 했던 말들이 아들에게는 아프게 갔구나. 나는 자리에서 일어나 아들에게 고개를 숙였다.

"미안하다. 내가 너무 나만 생각했다. 진심으로 사과할게."

아들은 나를 바라보다가 이내 자리에서 일어나 내 앞에 섰다.

"저도 죄송합니다."

우리는 오사카에서의 하이볼 마셨고, 서로에게 진심 어린 사과를 했다. 그리고 서로의 눈물을 닦아주며, 비로소 마음속에 있던 무거운 짐을 내려놓았다. 젠장, 여행 마지막 밤이었다. 여행, 참 힘들다.

19

눈썹이 삼각형

　요즘 사람들 사이에서 MBTI가 대화의 화두다. 모일 때마다 "너 MBTI가 뭐야?"라는 질문이 오간다. 나도 한때는 심리학을 공부하며 MBTI를 접했고, 분석도 했었다. 그런데 나의 결과는…, 기억나지 않는다. 사람을 단순히 16가지 유형으로 나눌 수 있을까? 나는 애초부터 성격 검사나 심리 검사를 믿지 않았다. 그런데, 최근 들어 혈액형에 관한 생각은 조금 달라졌다. 우리 가족은 모두 B형이고, 비슷한 점이 꽤 많다는 걸 느꼈다.

　B형의 특징을 몇 가지 말하자면, 첫째, 자존심이 강하다. 자기 생각이 확고해서 남의 말을 잘 듣지 않는 고집쟁이다. 우리 가족 모두 이런 부분이 있다. 둘째, 대인관계

가 좁다. 친구는 많지만, 속을 나눌 만큼 친한 친구는 없다. 그래서 종종 외롭다. 그런데도 사람들과 어울리는 걸 좋아한다. 술자리에서 누구보다 즐겁게 웃고 떠들지만, 마음 한편으론 '슬픈 피에로' 같은 기분이 든다. 셋째, 호불호가 확실하다. 좋아하는 일만 하고, 싫어하는 일은 죽어도 안 한다. 특히 남 눈치를 보지 않는다. 넷째, 선을 넘는 것을 참지 못한다. 한 번 감정이 상하면 오래 간다. 나는 딸과 다투고 2년 동안 말 한마디 안 한 적도 있었다. 그래서 B형끼리 모인 가족은 참 힘들다.

오사카 여행에서 돌아오는 비행기 안. 문득 이번 갈등이 얼마나 오래갈까, 걱정됐다. 그래도 사과했으니 오래가진 않겠지. 나 자신을 그렇게 위로했다. B형에 대해 하나 알려주자면, 삐쳤을 땐 시간을 줘야 한다. 시간이 지나면 자연스레 풀린다. 그리고 슬쩍 미소만 건네도 금세 마음을 연다. 그것을 알면서도 슬쩍 미소를 못 건네는 게 B형의 아이러니다. 비행기가 착륙하기 전, 나는 남은 엔화를 아들에게 건넸다.

"인천공항에서 환전해서 써."

"얼마인데?"

"한 20만 원쯤 될 거야."

아들은 돈을 받으며 웃음기 없는 말투로 대답했다.

"잘 쓸게."

"그동안 고민 많이 했어? 이제 계획 좀 세웠어?"

"극단 좀 소개해 줄래?"

"연극을 하려고?"

"연기가 부족해서 더 배우고 싶어."

아들은 서울보다 안산의 극단에서 시작하고 싶다고 했다. 나는 아들이 원하는 대로 극단을 소개해 주기로 했다. 하지만 그전에 확인하고 싶었다.

"극단을 소개해 주는 건 어렵지 않아. 하지만 진지하게 다시 생각해 봐. 이 길이 정말 맞는지. 배우의 길은 생각보다 훨씬 험난해."

"많이 고민했어. 계속 고민 중이야. 그런데 선택할 길이 많지 않더라고."

"네가 이제 20대 중반이지만, 곧 서른이 될 거야. 서른을 앞두고 많은 고민으로 시간을 보내는 건 아쉽지 않겠니? 직장 생활도 생각해 볼 만하지 않아?"

"지금은 연기를 하고 싶어."

"알았어. 극단 찾아볼게. 그런데 아빠한테 화난 건 풀렸어?"

"조금 남았어. 제발, 아빠. 내 자존심 좀 건드리지 마."

아들의 눈썹이 삼각형으로 변한다.

"남 말은. 너도 마찬가지야. 아빠 좀 건드리지 마."

내 눈썹도 어느새 삼각형이 되어 있었다. 우리 부자는 화가 나면 눈썹이 삼각형이 된다. 서로 삼각형 눈썹을 바라봤다.

"내 눈썹 삼각형 됐니?"

"응, 나도 그래?"

"응, 삼각형이야."

"그럼, 우리 서로 눈썹 풀자."

20

버스를 놓치다

 한적한 바닷가 근처, 오래된 버스 정류장. 버스 정류장에 멈춰 선 버스 한 대. 버스를 보고도 타지 않는 사람과 저 멀리서 버스를 타려고 뛰어오는 두 사람, 결국 세 사람 모두 버스를 놓쳤다. 언제 다시 올지 모르는 다음 버스를 기다리며 멍하니 하늘만 바라본다. 그러다 푸념하듯이 한 명씩 이곳까지 오게 된 이야기를 털어놓는다. 그 이야기 속에는 슬픔, 절망, 아픔이 있었다. 어느새 세 사람은 서로에게 조언을 해주며 위로한다. 과연 이 세 사람은 다음 버스를 탈 수 있을까? (연극 '버스를 놓치다'의 줄거리)

 오사카에서 돌아온 아들은 극단에 들어가 작품을 준비

하기 시작했다. 극단 대표가 친구라 아들 모르게 연습하는 모습을 지켜볼 수 있었다. 연습실 한쪽에서 몰래 바라본 아들은 동료들 사이에서 크게 웃고 있었다. 저렇게 많이 웃는 모습은 처음 본다. 정말 행복해 보였다. 몇 달 동안의 고된 연습 끝에 마침내 무대에 올랐고, 공연은 성황리에 마무리되었다. 무대를 마친 아들의 얼굴엔 아직도 긴장과 아쉬움이 남아 있었다.

"잘했어, 수고했다."

"연기가 마음에 안 들어."

"그래도 수고했어."

"동료 배우 보기가 미안해. 나 때문에 다 망친 것 같아."

나는 아들의 어깨를 토닥이며 말했다.

"솔직히 나도 네 연기가 좀 어설퍼 보이긴 했어. 하지만 상대 배우는 연기 경력 30년이 넘는 베테랑이고, 여배우는 5년 차 배우잖아. 넌 이제 시작한 지 얼마 안 된 신인인데, 어떻게 그들과 비교할 수 있겠어? 연기도 운전이랑 같아. 처음에는 서툴고 두렵지만, 시간이 지나고 경험이 쌓이면 자연스러워지는 거야. 자꾸 무대에 서다 보면 어느 순간 자신도 모르게 익숙해질 거야. 그러니까 지금은 조급해하지 말고, 네 페이스대로 가면 돼."

그날 우리는 함께 버스 정류장으로 뛰어갔다. 어디로 가는 버스인지도 모르면서, 그저 모두가 타니까 함께 올라탔던 경험도 있었다. 그런데 버스를 놓치면 그제야 보이는 것들도 있었다. 나는 아들이 때때로 버스를 놓쳤으면 좋겠다고 생각했다. 정류장에 서서 지나가는 사람들의 표정도 보고, 주변 풍경도 보고, 보도블록 사이에 피어있는 작은 꽃도 보고, 잠시 멈춰서 지금, 이 순간을 느껴보았으면 했다.

어느 날 아들은 불안한 표정으로 내 앞에 앉았다.
"'버스를 놓치다'에서 노인 역을 맡았던 배우가 아빠 친구야?"
"몰랐어? 극단 대표도 친구야."
"아빠가 그 친구보다 연기를 더 잘했다고 하던데."
"지금은 그 친구가 훨씬 잘하지."
"그런데 아빠 친구는 아빠가 부럽다고 하더라. 자기는 한 달에 백만 원도 못 벌고, 결혼도 못하고, 고시원에서 살고 있다며."

"나는 그 친구가 더 부러워. 하고 싶은 연극을 하며 살잖아."

아들은 고개를 떨구며 물었다.

"나는 어떻게 살아야 할까?"

나는 아들의 손을 잡고 말했다.

"행복하게, 웃으면서 살아."

"그런데 아빠 친구를 보면 마치 20년 후에 내 모습을 보는 것 같아. 그래도 되는 걸까?"

나는 잠시 말을 멈추고 생각에 잠겼다. 아들은 내 조언이 필요 없다며, 자기가 걷는 길이 흙길이라도 굳이 걸어가겠다고 했던 날이 떠올랐다. 그때 나는 아들이 선택한 길을 존중하기로 마음먹었었다. 하지만 여전히 입이 근질근질했다. 나는 아들을 바라보며 말했다.

"너는 굳이 흙길을 걸어보겠다고 했지. 그러면서 지금 네가 그 길을 제대로 걷고 있는 게 맞는지 묻고 있구나. 사실 흙길도 나쁘지만은 않아. 차가운 시멘트 길보다는 낭만적이잖아. 나도 그 낭만을 그리워하고, 때로는 지금이라도 그 길을 걷고 싶을 때가 있어."

아들은 잠시 나를 응시하다가 물었다.

"그럼, 왜 걷지 않았어?"

나는 씁쓸한 미소를 지으며 대답했다.

"너무 늦었다고 생각했지. 대신 나는 글을 쓰며 내 낭만을 찾고 있잖아."

아들은 깊은 한숨을 내쉬며 말했다.

"내년이면 나도 스물여덟이야. 계속 흙길에서 낭만만 찾으며 살아야 할까?"

나는 그 말을 듣고 입이 다시 근질거렸다. 결국 못 참고 말했다.

"버스 한 대 정도는 놓쳐도 돼. 아니, 두 대까지도 괜찮아. 하지만 꽃구경하느라 계속 버스를 놓치면 어떡하지? 그게 걱정이야. 아직은 다시 고민해도 괜찮아. 하지만 서른 넘어서까지는 고민하지 마. 그때는 버스가 오지 않을 수도 있어."

아들은 대기업에 취직한 친구를 보며, 해외여행을 꿈꾸는 여자 친구를 보며, 남들이 떠난 테이블을 치우는 자신을 보며 남모를 눈물을 흘렸다고 했다. 그런 아들의 모습이 가슴 아팠다. 그가 겪고 있는 고민이 이번이 마지막이길 간절히 바랐다. 그러나 그날 밤, 나는 견디지 못하고 야

심한 시간에 아들에게 뉴스를 캡처한 사진을 카카오톡으로 보냈다.

　문재인 대통령은 20일 국정과제에 포함된 경찰 인력 2만 명 증원 계획을 차질 없이 추진할 것이라고 말했다.

　너 초등학교 때 꿈이 경찰이었잖아, 기억나?

잠깐의 침묵 후, 아들로부터 답장이 왔다.

　아빠, 그건 어릴 때 꿈이었어. 지금은 연극이 내 삶이야.

나는 그 말을 듣고서야 웃을 수 있었다. 아들은 지금 자신만의 길을 걸어가고 있는 것이었다. 흙길일지라도, 버스를 놓치는 순간들일지라도, 자신의 삶을 살아가고 있었다. 그 사실이 나를 조금은 안심하게 했다. 아들이 앞으로 어떤 길을 걷든, 무엇을 선택하든, 나는 응원할 것이다. 행복하게 웃으며 살기를 바란다. 그것만이 내가 아들에게 해줄 수 있는 진심이었다.

21

통하였다

 아들에게 카카오톡을 보낸 지 두 달이 지났다. 그동안 아들은 연극 연습을 하면서 술집 알바를 하고, 여유가 생기면 여자 친구를 만났다. 그러던 중, 준비하던 공연이 갑작스럽게 취소되었다. 공연이 사라진 빈자리는 아르바이트와 여자 친구와의 만남으로 채워졌고, 아들은 조금씩 지쳐가고 있었다. 그러던 어느 날, 아들은 종이 한 장을 들고 내 앞에 앉았다.

 아들은 조심스럽게 말했다.

 "그동안 생각해 봤는데, 경찰 시험 준비하기로 했어."

 나는 잠시 당황했다.

 "그럼, 연극은?"

아들은 고개를 숙였다.

잠시 후 아들은 충혈된 눈으로 나를 바라봤다.

"아빠 친구를 보면서 20년 후 내 모습을 상상해 봤어. 연기를 포기하고 싶은 건 아니야. 나도 아빠처럼 직장을 다니면서 연기를 하고 싶어. 대신 부탁이 있어. 1년만, 딱 1년만 공부할 수 있도록 지원해 줘."

"아빠는 네가 연극하든, 공부하든 상관없어. 무얼 하든 너를 응원할 거야. 하지만 이제 스물여덟이잖아. 아빠에게 지원을 받기에 좀 늦지 않았니? 알아서 해야 하지 않을까?"

그러자 아들은 고개를 저으며 나에게 종이 한 장을 내밀었다. 나는 그 종이를 받아 들여다보았다. 그것은 지원 요청서였다.

지원 요청서

학력 및 경력
2015 : 대학 졸업. 단역배우 및 영상제작. (문체부 우수상 수상)
2016 : 극단 생활. (연극 '버스를 놓치다' 남자 주인공) 알바.

2017 : 알바. 그 외 시간은 집에서 빈둥빈둥.

이유 : 아빠가 하고 싶은 것 하며 살라고 해서 하고 싶은 것 했음. 하지만 아빠의 경찰 채용 카카오톡을 본 후, 고민 끝에 경찰 시험에 응시하고자 함.

공부 계획표

2017. 8. : 도서관에서 영어 공부. (이미 하고 있음)

2017. 9. : 경찰 시험 응시. (경험 취득)

2017. 12 : 학원 등록. (학원비 1년 과정 700만 원)

2018. 3. : 경찰 시험. (합격 가능 없음)

2018. 9. : 경찰 시험. (합격 가능 있음)

2018. 10. : 체력장 준비. (체력학원 등록)

2018. 12. : 최종 합격.

지원 내용

1년 학원비, 책값, 시험비 등 천만 원.

차비, 식대, 용돈 육백만 원.

지원 근거

아빠가 좋아하는 드라마 주인공도 몇 년씩 고시원에서 지내며 학원비로 매년 몇 천씩 투자했음. 나는 그 절반으로 공부할 자신 있음. 1

년 후 더 이상 지원 요청 없음. 경찰 합격 시 정년까지 근무 가능. 1년 투자로 30년 동안 생색낼 수 있음.

지원 거부 시

알바와 공부 병행으로 시간 부족. 알바로 인해 공부 집중도 떨어짐. (예) 필립스의 망각 곡선(Forgetting Curve)은 시간이 지날수록 학습한 내용을 얼마나 잊어버리는지에 대한 그래프이다. 한 번 학습한 것을 다시 학습하면 망각 속도가 느려진다. 이 효과는 중복 적용이 가능하여 복습이 중첩될수록 망각 속도는 점점 느려지며, 최종적으로 장기기억으로 남는 양이 많아진다. 알바로 인한 시험 불합격. 처음부터 다시 준비, 영원히 반복. 결국 공시생 폐인. 지금까지 키워주신 아빠의 노력을 인정하지만, 유종의 미를 거두지 못함. (마지막 1년을 지원 안 해주시면, 나는 투덜거리며 불효자 폐인 됨)

지원이 있을 시

아빠의 지원으로 내가 합격한다면, 아빠가 끝까지 밀어줌을 감사하며 효자가 됨.

나는 아들의 말을 듣고 고민에 빠졌다. 예상은 했다. 연기는 재미있지만, 하면 할수록 어려워진다. 동료들의 연기가 마치 신의 연기처럼 느껴질 때가 있다. 그 고비를 넘겨야 진정한 연기자가 된다. 아들은 지금 그 시점에 도달했다. 새로운 피드백이나 변화가 필요한 시기였다. 나는 피드백이나 변화보다는 전환을 원했다. 그래서 카카오톡을 보낸 것이었다. 연기를 포기하지 않더라도 방향을 틀어 새로운 길을 찾는 것도 나쁘지 않다는 걸 알려주고 싶었다. 그런데 지원이라니…, 지원을 생각하기도 했지만, 내 생각보다 지원 액수가 컸다. 경찰 시험이든, 공무원 시험이든, 1년 공부로 합격할 수 없다는 걸 나는 알았다. 그리고 부모의 지원을 받으며 몇 년째 만화방, 당구장, 술집을 전전하는 공시생을 너무 많이 봤다. 단순히 지원만 해준다고 해서 쉽게 해결될 일이 아니었다. 나는 고민 끝에 말했다.

"한 달 전부터 영어 공부했다고 했지? 그럼, 책 좀 가져와 봐."

아들은 잠시 후 방에서 고등 영어 단어, 숙어, 문법책을 들고 나왔다. 나는 책을 보며 잠시 생각하다 말했다.

"앞으로 한 달 안에 이 세 권의 책을 다 외우면 지원해줄게."

아들은 그 말을 듣고 긴장된 얼굴로 물었다.

"한 달 동안? 쉽지 않겠지만, 아빠에게 꼭 보여줄게."

나는 고개를 끄덕이며 말했다.

"그럼 한 달 후에 다시 이야기하자."

한 달이 지나 아들은 다시 내 앞에 앉았다. 나는 아들의 표정에서 강한 의지를 읽을 수 있었다. 책 세 권을 하나씩 펼치며 아들에게 물었다.

"여기 이 단어 뜻은 뭐지?"

아들은 망설임 없이 답했다. 나는 계속해서 이곳저곳을 펼치며 물었다. 단어도, 숙어도, 문법도 빠짐없이 외운 듯했다. 나와 눈을 마주친 아들의 얼굴엔 확신이 담겨 있었다. 아들은 진심이었다. 나는 그 눈빛을 보며 작은 미소를 지었다.

"그래, 너의 진심을 봤다. 한 번 도와줄게."

아들의 얼굴이 환해졌다. 나는 그 모습에 잠시 흔들렸다. 과연 이 길이 맞는 걸까? 내가 괜한 바람을 넣는 것은 아닐까? 나는 이 길이 아들에게 상처가 되지 않길 바랄 뿐이었다.

"아빠가 너에게 해줄 수 있는 건 많지 않지만, 네가 어떤 선택을 하든, 무엇을 하든, 네가 행복하기만을 바랄 뿐이야."

아들은 그 말에 조용히 고개를 끄덕였다. 앞으로 1년 동안 그는 다시 도전을 시작할 것이다. 이 길 끝에서 무엇이 기다리고 있을지 아무도 알 수 없지만, 나는 아들이 도전을 포기하지 않기를, 스스로가 원하는 답을 찾기를 간절히 바랐다. 우리는 그렇게 서로의 눈빛을 마주하며, 새로운 시작을 맞이했다.

22

떡볶이, 튀김, 순대 세트 포장해 주세요

나는 육 남매 중 넷째였다. 형제가 많아서인지 부모보다는 형제들 간에 주고받는 가르침이 더 많았다. 형제들과 부딪히며 사회를 배웠고, 나만의 생존 방식을 터득해 나갔다. 요즘 부모들은 자녀들에게 자신감을 심어주기 위해 '안 돼'라는 말을 자제하고, 자녀가 특별한 존재이며, 무엇이든 해낼 수 있다고 끊임없이 말해줘야 한다고 주장한다. 자녀의 자존감을 높여주는 것이 바른 인성을 기르는 것보다 더 중요한 일처럼 여겨진다. 「나밖에 모르는 세대(Generation Me)」라는 책에서는 이러한 교육 방식의 결과로 많은 청소년이 '불편한 이야기를 들어야 하는, 때로는 실패를 경험할 수밖에 없는 현실 세계에 제대로 대비

하지 못하게 되었다'고 지적한다. 한 아버지는 이렇게 말했다.

"직장에서는 자신감을 키워주는 프로그램 같은 건 없다. 엉터리 보고서를 제출했을 때, 보고서 색깔이 예쁘다고 칭찬해 줄 상사는 없을 것이다. 자녀를 그렇게 키우는 것은 그들의 미래를 망치려고 작정한 것이나 다름없다."

나는 이 말에 고개를 끄덕였다. 맞는 말이었다. 자동차를 운전하려면 우선 면허가 필요하다. 운전면허 없이 운전을 하면 큰일이 나듯이, 자녀를 키우는 일에도 면허가 있어야 한다고 생각한다. 양육은 자동차 운전보다도 더 어렵고 중요한 일인데, 왜 양육에는 면허가 없을까? 스물두 살이라는 젊은 나이에 아빠가 된 나는 아빠의 자격이 없었다. 처음 아빠가 되었을 때, 아이를 키우는 일이 이렇게 힘들 줄은 몰랐다. 나는 좋은 아빠일까? 끊임없이 고민했지만, 답을 찾을 수 없었다. '말을 물가로 데려갈 수는 있지만, 물을 마시게 할 수는 없다'라는 속담처럼, 내가 할 수 있는 것은 그저 아이를 지켜보고 기다리는 것뿐이었다.

시간은 흘렀고, 스물여덟 살이 된 아들은 경찰 시험을

준비하기 시작했다. 하지만 오랜만에 하는 공부가 쉽지 않은지 점점 지쳐 보였다. 그의 의욕이 점차 사라지는 것 같아 걱정되었다. 퇴근 후 집에 들어오면 늘 아들은 잠을 자고 있었다. 그런 아들에게 짜증이 치밀어 올랐다. 나는 못 참고 물었다.

"또 자냐?"

아들은 눈을 반쯤 뜬 채 대답했다.

"사람마다 루틴이라는 게 있잖아."

"그럼, 네 루틴은 잠이냐?"

내가 쏘아붙이자, 아들은 짜증 섞인 목소리로 말했다.

"아빠, 내가 아무 생각 없이 잠만 자는 것 같아? 아빠 마음은 이해하지만, 나도 나름대로 계획이 있다고."

"그런데 왜 내가 볼 때마다 자고 있냐고?"

나는 끝내 참지 못하고 목소리를 높였다.

"내가 얼마나 공부하고 있는지 아빠는 몰라."

아들은 성을 내며 집을 나가 그날 밤 들어오지 않았다. 물론 내가 조금 더 부드럽게 말했어야 했다. 그러나 매일같이 자는 모습만 보이는 아들에게 도저히 좋게 말이 나오지 않았다.

그렇게 며칠이 흘렀다. 퇴근길에 동료들과 술자리를 가졌고, 1차, 2차를 거치며 3차로 마지막으로 들린 포장마차에서 떡볶이를 안주 삼아 소주를 한 잔 더 걸쳤다. 술잔을 기울이던 중, 문득 아들이 떠올랐다. 떡볶이를 좋아하는 녀석이었다. 테이블에 남겨진 떡볶이를 포장해 집으로 갔다.

"떡볶이 사 왔어."

나는 현관문을 열고 들어서자마자 아들을 불렀다. 방에서 나와 식탁에 앉은 아들은 떡볶이를 보더니 젓가락을 소리 나게 내려놓았다.

"먹다 남은 거 포장해 온 거야?"

아들은 짜증 섞인 목소리로 물었다.

"거의 안 먹었어."

나는 당황스러웠지만 애써 변명했다.

"아빠는 내가 음식물 쓰레기통이야? 먹다 남았으면 버려야지, 왜 집에 들고 들어와?"

아들은 떡볶이를 음식물 쓰레기통에 던지듯 버리고는 방으로 들어가 버렸다. 나는 어이가 없었다. 내가 너에게 쓰레기를 먹이려고 남은 떡볶이를 들고 버스를 타고 왔단 말인가? 술에 취해 내 몸도 제대로 가누지 못하면서 떡볶이가 식을까 봐 가슴에 품고 온 건데, 네가 어떻게 이럴 수 있냐는 생각에 화가 치밀어 올랐다.

"야! 나와 봐. 아빠가 너 생각나서 남은 거 포장해 왔다. 그게 그렇게 잘못됐니?"

나는 화를 참지 못하고 소리쳤다. 아들은 방문을 열고 나와 대꾸했다.

"아빠는 떡볶이가 남아서 아까워서 들고 온 거잖아. 아빠가 날 생각해서 떡볶이를 사 왔다면 새로 사 왔어야지."

아들의 말에 나는 더 이상 할 말이 없었다. 망치로 머리를 한 대 맞은 듯 멍해졌다. 나는 아들을 생각해서 포장한 게 아니었다. 남은 떡볶이가 아까워서였을 뿐이었다.

다음 날, 퇴근길에 나는 시내의 유명한 포장마차로 향했다.

"떡볶이, 튀김, 순대 세트로 포장해 주세요. 어묵도 좀 넣어 주시고요. 그리고 간을 많이 주세요. 우리 아들이 순대보다 간을 더 좋아하거든요."

떡볶이가 담긴 봉투를 받아 든 나는 집에 들어서자마자

아들을 불렀다. 아들은 어제의 화가 풀리지 않은 듯 무뚝뚝하게 나왔다.

"어젯밤은 정말 미안했다."

나는 봉투를 식탁에 내려놓았다. 어제와 다른 따뜻하고, 튀김도 많이 든 떡볶이였다. 아들은 한동안 말없이 서 있더니, 식탁에 앉아 천천히 떡볶이를 집어 먹기 시작했다. 나는 아들이 끝까지 떡볶이를 다 먹는 모습을 보며 조심스럽게 물었다.

"맛있어?"

아들은 고개를 끄덕이며 대답했다.

"응, 내가 좋아하는 떡볶이네."

23

길 잃은 고양이

"아빠, 등에 오돌토돌한 게 생겼어."

"땀띠네. 공부도 안 하고 맨날 누워 있으니까, 땀띠가 나는 거야. 일단 깨끗하게 씻고, 내가 파우더 사다 줄 테니까 뿌려. 습기 차지 않게, 뽀송뽀송하게 유지하고."

다음 날, 아들은 인상을 찌푸리며 내게 말했다.

"아빠, 땀띠가 이렇게 아파? 너무 아픈데."

아프다는 말에 나는 아들의 등을 유심히 살펴보았다. 붉은 돌기가 겨드랑이와 등에 가득했다. 몇몇은 물집이 잡혀 있어 보기도 흉했다. 그제야 땀띠가 아니라는 생각이 들었다.

"이거 땀띠가 아닌 것 같다. 일단 병원부터 가자."

병원에서 진찰받은 아들은 결국 대상포진이라는 진단을 받았다. 의사 선생님은 공시생이라는 말에 고개를 끄덕이며, 공부 스트레스와 영양 불균형이 원인이라고 했다. 선생님은 나에게 매우 아팠을 거라며, 맛있는 걸 많이 사주고, 푹 쉬게 해주라는 당부를 했다. 의사 선생님의 이야기를 듣던 아들은 나를 빤히 쳐다보았다. 나는 그 시선을 마주할 수 없어 애써 다른 곳을 바라보며 딴청을 부렸다.
 "아빠가 땀띠라고 해서 미안하다."
 "아빠는 항상 제대로 보지도 않고 판단하잖아."
 "아빠가 소고기 사줄게. 그리고 대상포진 다 나을 때까지 공부도 쉬어. 내일은 옻닭 먹으러 가자. 아빠가 미안한 만큼 너 먹고 싶은 거 다 사줄게."
 "그러지 마. 괜찮아."
 "아빠가 미안해서 그래."
 나는 아들의 표정에서 묘한 씁쓸함을 읽을 수 있었다. 얼마나 아팠을까. 거칠어진 얼굴이며, 야윈 어깨를 보니 더 미안한 마음이 들었다. 아들은 별말 없이 고개를 돌리며 차에 올랐다. 나는 그런 아들을 바라보며 미안한 마음을 감추지 못했다. 사거리 신호등 앞에서 출발 신호를 기다리고 있었다. 적색 신호등이 오른쪽으로 옮겨가며 초록색으로 바뀌었다. 그러나 나는 출발하지 못했다. 시간이 얼마나 흘렀을까? 뒤에 있던 차가 경적을 울렸다. 도로의 모든 소음을 잡아먹을 만큼 날카로운 소리였다. 잠시 후, 뒤차는 내 차를 향해 헤드라이트를 쉼 없이 번쩍이며 재촉했다. 나는 조수석에 앉은 아들과 함께 도로를 바라보고 있었다. 도로 한가운데, 호랑이 줄무늬가 선명한 새끼 고양이가 차들 사이를 서성이고 있었다. 겁에 질려 두어 발을 내딛다 다시 돌아오기를 반복하고 있었다. 두려움에 얼어붙어 발걸음을 떼지 못하는 고양이의 모습이 안타까웠다.

"너, 내려야겠다."

나는 조수석에 앉은 아들을 바라보며 말했다.

"싫어."

아들은 단호하게 대답했다.

"저러다 차에 치이면 죽어."

"길고양이로 사는 것보다 지금 차라리 죽는 게 나을지도 몰라."

"무슨 말을 그렇게 해?"

"죽던지, 살던지 그건 저 녀석의 운명이라고."

차 안에는 여전히 경적과 함께 룸미러를 통해 반사되는 불빛이 가득했다. 아들은 새끼 고양이를 지켜보다 이내 고개를 돌렸다. 나는 비상등을 켜고, 차에서 내려 새끼 고양이에게 다가갔다. 겁에 질려 경계를 늦추지 않던 고양이를 조심스럽게 안아 들고 인도로 데려갔다. 안전한 곳에 내려놓으니, 고양이는 어느새 나타난 어미 곁으로 뛰어갔다. 나는 그 모습을 지켜본 뒤 차로 돌아왔다.

"집에 가고 싶어."

아들은 조용히 말했다.

"고기 안 먹고? 왜 입맛이 없어? 아니면, 고양이 때문이니?"

"고양이가 왜…"

"아니, 그냥 고양이 때문인 것 같아서."

"고양이 때문에 그러는 거 아니야. 그냥…, 아무것도 하기 싫어."

아들은 고개를 돌리더니 눈에 고인 눈물을 손등으로 닦았다. 마음이 복잡해졌다. 아들의 마음속에 담긴 슬픔이 무엇인지 도저히 알 수 없었다.

"그래, 오늘은 집에 가서 쉬자."

나는 아들의 어깨를 조심스레 토닥이며 말했다. 아들은 더 이상 말이 없었다. 그저 멍하니 앞을 바라보며 고개를 끄덕였다. 집으로 돌아오는 길, 우리는 서로 말없이 창밖만 바라보았다. 가을바람이 살며시 창문을 타고 들어오며 머릿결을 스치고 지나갔다. 바람 속에 묻어나는 서늘함은 쓸쓸한 가을의 냄새를 품고 있었다.

24

딩동!

경찰 시험은 보통 상반기와 하반기, 3월과 9월 두 번 치러진다. 시험은 세 차례에 걸쳐 진행되는데, 1차 필기시험, 2차 신체·체력·적성검사, 3차 면접시험으로 나뉜다. 안산은 경기 남부에 속해, 수원 근교에서 시험을 봤다. 대중교통을 이용하면 시험장까지 가는 데 2시간 남짓 걸리지만, 자가용으로 가면 40분 남짓이면 도착했다.

처음으로 시험 보러 간 날, 우리는 크게 부담을 느끼지 않았다. 공부를 시작한 지 몇 달 되지 않았으니, 당연히 불합격을 예상했다. 나는 시험장에 아들을 내려주고, 근처 영화관에서 조조 영화를 보며 기다렸다. 시험을 마치고 나온 아들은 오랜만에 긴장을 해서 무척 배가 고프다며, 수원 왕갈비를 먹자고 했다. 나를 위해 왕갈비 맛집까지 검색해 둔 아들이 징그럽게 고맙고, 기특해서 가슴이 뭉클했다.

두 번째 시험부터는 조금 다른 분위기였다. 시험에 합격할 가능성이 있다는 기대감 때문인지, 우리 사이에는 약간의 긴장감이 흘렀다. 시험이 끝나고 나온 아들에게 잘 봤냐고 묻자, 합격선은 아니지만 나름 괜찮게 봤다며 스스로 만족해했다. 우리는 수원 왕갈비탕을 먹고 집으로 돌아왔다. 그리고 세 번째 시험을 보는 날, 아들은 차 안에서 기출문제를 들여다보며 긴장을 감추지 못했다. 오답 노트를 보고, 가방을 뒤져 교재를 꺼내 다시 확인했다. 시험장까지의 짧은 시간에도 아들은 한시도 공부를 놓지 않았다. 나는 그를 시험장 앞에 내려주고 쉽게 그 자리를 떠나지 못했다. 근처에 주차하고, 다람쥐처럼 시험장 근처를 뱅뱅 돌았다.

시험이 끝나고, 청년들이 우르르 시험장을 빠져나오기

시작했다. 아침에 들어갈 때의 희망찬 모습은 온데간데없이 사라지고, 지옥문을 나오는 악령들처럼 무겁고 음산한 분위기였다. 교문을 나오자마자 담배를 피우는 수험생, 전화를 거는 수험생, 교재를 뒤적이는 수험생까지, 각자의 절망과 분노가 뒤섞인 혼란스러운 장면이었다. 인파 속에서 아들이 전화를 걸며 걸어 나오는 모습이 보였다. 나는 손을 흔들며 전화를 받았다.

"어때? 잘 봤어?"

"말 시키지 마."

"왜? 망쳤어?"

아들은 차 안에서 시험지와 교재를 번갈아 보며 정답을 확인하고 있었다. 나는 출발도 못한 채 그의 눈치만 살폈다. 시시각각 변하는 그의 표정은 희망과 절망이 교차하는 순간들이었다. 그걸 바라보는 내가 더 불안했다. 마지막으로 시험지를 가방에 넣으며, 아들은 고개를 숙였다. 마치 운명의 신이 희망과 절망 사이에서 아슬아슬한 줄타기를 하다 절망 쪽으로 기울어 버린 듯 보였다.

"밥 먹자."

"괜찮아. 집으로 가."

"내가 배가 고파서 그래. 밥 먹고 가자. 뭐 먹을래?"

우리는 시험장 근처 허름한 순댓국집에 들어갔다. 뜨거운 김이 모락모락 피어오르는 순댓국을 앞에 두고도 아들은 좀처럼 숟가락을 들지 않았다. 아들이 나에게 약속한 일 년이 다 되어가고 있었다. 후년이면 서른이 되는 아들. 실패에 익숙해져 버린 공시생으로 아니, 어쩌면 공시생이 직업이 될지도 모르는 아들을 보며 나는 가슴이 답답했다. 아들이 먼저 입을 열었다.

"아빠, 내가 인터넷 강의를 들으며 공부를 시작한 지 일 년이 됐지만, 학원에 등록한 지는 정확하게 구 개월이 됐어. 원래 일 년 코스잖아. 구차하게 변명 안 할게. 앞으로 시험 한 번만 더 보자. 그때까지만 지원해 줘."

나는 말없이 고개를 끄덕였다. 뭐라 위로할 수도, 다독일 수도 없는 순간이었다. 단지 아들이 내미는 작은 희망의 끈을 내가 놓아버릴 수는 없었다.

"알았으니까, 밥부터 먹어. 밥 안 먹으면 지원도 없어."

그제야 아들은 수저를 들고 순댓국을 우걱우걱 먹었다. 나는 그 모습을 바라보며 겨우 안도의 한숨을 내쉬었다.

하늘이 도왔을까? 상반기와 하반기 시험이 모두 끝난 12월에 특별 시험 공고가 떴다. 한 해에 세 번의 시험이 열리는 건 처음 있는 일이었다. 12월 22일, 크리스마스가 얼마 남지 않은 날, 아들을 시험장에 내려주고 나는 시험장 근처가 아닌 교회 근처를 서성였다. 어릴 적부터 모태신앙이었지만, 교회를 가지 않은 지 이십 년도 넘었다. 마음에 찔려 차마 교회 안에 들어가지는 못하고, 교회 마당을 맴돌며 웅얼거렸다. 간절한 기도를 올리는 법도 모르면서 그저 아들의 이름을 조용히 되뇌었다.

시험을 마치고 나온 아들의 얼굴이 밝았다. 영어가 조금 어려웠을 뿐, 나머지는 대체로 잘 본 것 같다고 했다. 아들의 표정이 밝아지자 나도 마음이 놓였다. 우리는 오랜만에 함께 식사하고, 카페에 들어가 따뜻한 커피를 마시며, 예상 합격선을 기다렸다. 보통 시험이 끝나면 한 시간이 채 지나지 않아 정답과 예상 합격선이 떴다. 아들은 답안지를 맞춰 보다 나를 바라보며 환하게 웃었다.

그날 저녁, 나는 아들에게 카드를 건네줬다. 여자 친구도 마음고생 많았을 테니 돈 걱정 말고 마음껏 쓰라고 했다. 그리고 체력 시험 준비를 위해 체력학원에도 등록하고, 운동화도 사라고 덧붙였다. 아들은 조금 망설이다가 고맙다며 미소 지었다.

"한도 걱정 말고, 마음껏 써. 여자 친구 옷도 좀 사주고, 너도 옷 좀 사 입고, 맛있는 것도 많이 먹고. 아빠가 너의 통을 보마."

'너의 통을 보마.' 그 말은 하지 말았어야 했다.

"딩동!"

'ABC마트 32만 원 결제 완료'라는 알림이 울렸다.

"딩동!"

'롯데 아울렛 38만 원 결제 완료.'

"딩동!"

'대게 맛있는 집 35만 원 결제 완료.'

나도 대개 좋아하는데…, 아빠 말을 이렇게 잘 들을 줄이야. 너 원래 이런 애 아니었잖아.

"딩동!"

젠장, 문자가 또 왔다.

25

짭새가 아닌 경찰

아들이 초등학교 2학년 때였다. 친구들과 함께 2차선 도로를 무단횡단하는 모습을 목격했다. 집에서 학교까지는 세 개의 건널목을 건너야 했다. 학교 앞 건널목에는 선생님과 학부모들이 도움을 주지만, 그 밖의 길은 저학년 아이들이 스스로 건너야 하는 위험천만한 길이었다. 등교는 어머니들이 순번을 정해 함께했지만, 하교는 달랐다. 학원에 가거나 친구들과 놀다 오기도 하고, 상황이 제각각이다 보니, 결국은 아이들이 혼자서 건너야 했다. 아슬아슬하게 차들을 피해 뛰어오는 아들을 보며 머릿속이 하얘졌다. 사고가 날까 두려운 마음에 곧바로 달려가 아들과 친구의 팔을 붙잡았다. 나를 보고 천진하게 웃는 아들의 얼굴을 보자 그간 쌓인 긴장이 한순간에 터져 나왔다.

"아빠, 아이스크림 사줘!"

해맑게 조르는 아들에게 나는 침착하게 말했다.

"얘들아, 차에 타라."

아들을 포함한 세 명의 아이를 차에 태운 나는 근처 파출소로 향했다. 그리고 파출소에 도착하자마자 깜짝 놀란 아들을 데리고 들어가 경찰관에게 말했다.

"안녕하세요. 다름이 아니라, 제 아들이 친구들과 함께 도로에서 무단횡단을 했습니다. 이 아이들 좀 잡아가 주세요."

아들은 갑작스러운 상황에 눈이 동그랗게 커졌고, 내 뒤로 숨었다. 아이들 앞에 선 경찰관도 상황을 눈치챘는지, 아이들을 바라보며 천천히 말했다.

"얘들아, 너희 무단횡단했구나. 법을 어기면 나쁜 행동이기도 하고, 무엇보다 위험한 행동이야. 어쩔 수 없이 잡아가야겠는데? 이제는 엄마, 아빠도 못 보고, 학교도 못 가고, 어떡하지?"

아이들은 경찰관이 엄하게 말하는 모습에 머리를 떨구고, 울었다.

"울면 진짜 잡아간다. 이게 처음이야?"

그러자 아들이 조용히 손을 들어 말했다.

"아니요, 다섯 번, 열 번 정도 했어요."

경찰관은 깊게 한숨을 쉬더니, 다시 아이들을 바라보며 말했다.

"열 번이면 죄가 더 큰데, 큰일이다. 하지만 앞으로 무단횡단하지 않겠다고 약속하면 용서해 줄 수도 있어. 경찰 아저씨하고 약속할 수 있겠어?"

아이들은 울먹이며 고개를 끄덕였고, 경찰관과 새끼손가락을 걸고 약속했다. 그 모습을 보며 마음이 아팠지만, 이 아이들이 오늘의 일을 잊지 않길 바랐다. 나는 아이들에게 아이스크림을 사주고, 다시는 무단횡단을 하지 않겠다는 다짐을 받았다. 그날 이후, 아들의 꿈은 경찰이 되었다. 경찰이 되어 자신을 신고한 나를 따라다니며, 길거리에 담배꽁초를 버려도 체포하고, 신호를 위반해도 체포할 거라고 다짐했다. 그 어린 시절의 다짐이 오늘 현실이 되었다.

필기 시험에 합격하고 체력 시험과 면접까지 통과한 아들은 드디어 경찰학교에 입교하게 되었다. 그리고 오늘, 8

개월간의 교육을 마치고 순경 계급장을 다는 수료식 날이 왔다. 나는 아들에게 멋진 말을 해주고 싶어 며칠을 고민했다. 수료식 때 축하의 말을 건네고 싶었지만, 막상 수료식은 정신없이 끝나버렸다. 가족들과 함께 학교 근처 중국집에 앉아있자니 그동안 준비했던 말들이 목에 걸려 간질간질했다. 음식이 나오기를 기다리며 웃고 떠드는 가족들 사이에서 나는 비장한 마음으로 컵을 두드리며 모두의 이목을 끌었다.

"아들의 경찰학교 수료를 축하하며 이제 사회생활을 시작하는 아들에게 덕담 한마디 하려고 합니다. 경청해 주시길."

순간 식탁에 있던 모든 시선이 나에게 집중되었다. 나는 고개를 끄덕이며 입을 열었다.

"옛날이야기 하나 하겠습니다. 임진왜란 때 이순신 장군 수하에 군인이 하나 있었습니다. 이름은 갑돌이였죠. 아무튼 치열한 전투가 벌어지고 있던 그때, 갑자기 화살이 날아와 그 갑돌이의 가슴에 꽂혔죠. 갑돌이는 고민했습니다. '누가 쏜 걸까? 어디서 날아온 걸까? 수많은 군인 중에 왜 하필 내가 맞아야 하지? 내가 뭘 잘못했나?' 그렇게 고민하는 사이, 두 번째 화살이 날아와 또 맞았습니다. 이번에도 갑돌이는 또 생각했죠. '아니, 대체 누가 또 쏜 거지? 또 어디서 날아온 거야? 왜 하필 나야?' 그러다 세 번째 화살에 맞아 결국 갑돌이는 전사하고 말았습니다."

내 이야기를 듣던 동생이 슬쩍 입을 열었다.

"형, 그래서 하고 싶은 이야기가 뭐야? 빨리 밥 먹자."

벌써 식사가 식탁에 차려져 있었고, 김이 서서히 사라지고 있었다. 나는 다시 침을 삼키며 결론을 말하기로 했다.

"갑돌이가 처음 화살에 맞았을 때 고민하지 않고 화살을 뽑았으면 살 수 있었어. 하지만 쓸데없이 고민만 하다가 결국 두 번째, 세 번째 화살에 맞고 죽었단 이야기야. 앞으로 사회생활을 하다 보면 수많은 화살을 맞게 될 거야. 그때마다 고민하지 말고 맞으면 뽑고, 그깟 화살쯤 잊어버리고 살아가라는 말이야. 알겠지?"

"아빠, 요즘은 화살 안 쏘고 총 쏴. 한 발만 맞아도 죽어."

"내 말은 그게 아니잖아."

"형, 21세기에 무슨 화살 이야기를 해. 밥 먹자. 다 식었어."

식구들의 핀잔보다 준비한 이야기를 다 하지 못한 아쉬

움이 컸다. 나는 그저 홀짝홀짝 술잔만 기울였다. 식사 자리가 끝나갈 무렵, 취기가 오른 나는 참지 못하고 일어나 외쳤다.

"아들, 진심으로 경찰이 된 걸 축하한다. 초심 잃지 말고 짭새가 아닌 민중의 지팡이, 훌륭한 경찰이 되라."

순간 내 목소리가 컸던 탓인지, 식당에 있던 경찰학교 졸업생들이 나를 쳐다봤다.

"여러분도 짭새가 아닌, 훌륭한 경찰이 되시길 기원하겠습니다!"

아들이 불쑥 일어나더니, 나를 부축해 식당 밖으로 데리고 나갔다. 나는 경찰이 된 아들에게 처음으로 체포당하는 영광을 누렸다. 그래도 구금은 되지 않았으니까 다행이었다.

아들아, 아무튼 진심으로 축하한다. 경찰이 되겠다는 어린 시절의 꿈을 지키고, 그토록 치열한 경쟁을 뚫고 이뤄낸 네가 자랑스럽다. 어떤 유혹에도 흔들리지 않고, 약자의 편에 서는 정의로운 경찰이 되길 진심으로 바란다.

26

수갑을 차다

경찰학교 수료식을 마친 아들은 집에 돌아오자마자 들뜬 표정으로 짐을 풀었다. 짐을 풀다 말고, 진압봉을 들고 나왔다.

"아빠, 이게 뭔지 알아?"

30cm 길이의 진압봉을 강하게 휘두르자, 그 짧은 막대가 순식간에 1미터 가까이 되는 진압봉으로 변신했다. 순간적으로 퍼지는 모습을 보니, 진압봉의 매력을 실감할 수 있었다.

"신기하네. 나도 한 번 해보자."

나는 손을 내밀었지만, 아들은 고개를 가로저으며 나를 막아섰다.

"어디, 경찰의 진압봉을 함부로 민간인이 만지려고?"

"에이, 그러지 말고 한 번만 해보자."

"안 돼. 이건 고도의 훈련이 필요한 물건이야. 훈련받은 자만이 쓸 수 있지."

"이걸로 맞으면 얼마나 아파? 야구방망이로 맞는 것보다 아파?"

"야구방망이? 그건 아무것도 아니야. 이건 쇠파이프로 맞는 것과 같아. 한 번 맞아 볼래?"

아들의 말을 듣고는 웃어넘겼지만, 속으로는 진압봉의 위력이 궁금했다. 야구방망이도 아니고 쇠파이프라니, 대체 얼마나 아플까?

"그럼, 살짝 한 대만 때려봐."

장난스레 엉덩이를 내밀었다.

"풀 스윙은 말고, 살살 톡 하고 한 대만 때려."

아들은 빙그레 미소를 지으며 진압봉을 들더니, 내 엉덩이를 가볍게 가격했다. 그 순간, 눈앞이 하얗게 번쩍였다. 무릎이 풀리며 그 자리에 주저앉았다. 말로 표현할 수 없을 정도로 아팠다.

"이, 이 자식이 아버지를 죽이려 하네!"

"살살 때렸어. 엄살은?"

"엄살? 너 이리 와. 너도 한 번 맞아봐!"

아들의 허세에 웃음이 나왔지만, 눈물이 핑 돌 정도로 아팠던 것도 사실이었다. 나는 애써 참으며 물었다.

"그러면 테이저건도 있냐? 아니면 권총?"

"그런 건 위험해서 서에서 보관해. 아빠, 수갑 차본 적 있어?"

"내가 수갑을 어디서 차보겠니?"

아들은 주머니에서 수갑을 꺼내 내밀었다. 생각보다 묵직하고 단단해 보였다. 만지기만 했음에도 수갑은 묘한 긴장감을 불러일으켰다.

"일 킬로쯤 되나?"

"그 정도까지는 아니지만 비슷해. 근데, 수갑만 있는 게 아니야. 방검복, 무전기, 진압봉, 수갑, 총기류까지 허리에 차면 무게가 10킬로 정도 나가. 그래서 경찰들은 허리가 안 좋아."

"그래서 그런지 다들 허리를 꼿꼿이 펴고 다니더라."

"아빠, 수갑 한 번 차볼래?"

"그래, 한 번 차보자."

나는 순간의 망설임도 없이 대답했다. 아들은 능숙하게 내 팔을 뒤로 꺾어 수갑을 채웠다. 나는 잠시 당황하다 이내 발버둥치며 소리쳤다.

"야, 아파. 당장 풀어줘!"

그러자 아들은 시치미를 떼며 천천히 말했다.

"오만 원만 주면 풀어 줄게."

"뭐? 경찰학교에서 월급 받았잖아?"

"그건 그거고, 오만 원만 주면 지금 당장 풀어 줄게."

어쩔 수 없이 나는 오만 원을 약속하고서야 자유를 되찾았다. 수갑에서 풀려난 손목은 빨갛게 부어올랐고, 시큰거렸다. 뒷수갑을 차고 나니, 정말 꼼짝도 못하겠다는 생각이 들었다.

"뒤로 채우니까 정말 꼼짝도 못하겠네."

"흉악범에게는 보통 이렇게 채우지."

"그런데 영화에서 보면, 주인공들이 수갑을 풀고 탈출하잖아. 그거 가능해?"

"한 번 해봐. 아빠 손목이 가늘어서 가능할지도 몰라. 풀면 오만 원 줄게."

아들의 말에 나는 수갑을 풀어보려 손목을 움직여 봤

다. 손목에 살짝 여유가 있는 것 같았지만, 조금이라도 움직이면 수갑은 조여들었다.

"수갑이 점점 조여지는 느낌인데?"

"수갑에 톱니바퀴가 있어서 그래. 그래서 함부로 움직이면 안 돼."

"영화에서는 머리핀 같은 걸로 풀던데, 그건 가능할까?"

"알아서 해봐. 나는 나간다."

"야, 어디 가?"

"데이트."

아들은 수갑 열쇠를 주머니에 넣고, 데이트라는 말을 남기며 나가버렸다. 그의 뒷모습을 보며 나는 실소를 터트렸다. 데이트라니, 설마 나를 이대로 두고 갈까? 하지만, 내 예상은 보기 좋게 빗나갔다. 아들은 돌아오지 않았다. 나는 한참 기다리다 결국 아들에게 전화를 걸었다.

"왜? 아빠."

"너 지금 뭐 하는 거야? 아빠 이러다 쓰러지면 어쩌려고?"

"카톡 봐봐."

아들은 집을 나서자마자 나에게 카톡을 보냈던 모양이

다. 나는 허둥지둥 카톡을 확인했다. 거기에는 수갑 지갑에 또 다른 열쇠가 있다는 메시지가 적혀 있었다. 나는 지갑에서 열쇠를 꺼내 수갑을 풀었다. 손목이 욱신거렸지만, 풀려난 기분에 안도의 한숨이 나왔다. 그리고 피식 웃음이 나왔다. 어릴 때부터 천방지축이던 녀석이 어느새 경찰이 되어, 나에게 진짜 수갑 채우며 장난을 치고 있다.

아들아, 경찰 생활이 쉽지는 않을 거야. 하지만 앞으로 어떤 상황이든 흔들리지 말고, 언제나 약자의 편에 서서 정의로운 경찰이 되어 주길 바란다. 아빠도 네가 그런 경찰이 될 거라고 믿는다. 항상 진심으로 사람들을 도울 수 있는 그런 경찰이 되기를 진심으로 바란다. 아빠는 네가 자랑스럽다.

에필로그

  나는 아들에게 추앙받고 싶어 하는 아버지였지만 실은 아버지 역할을 잘 못했습니다. 그 이유를 곰곰이 생각해 보니 아버지에게 아들은 또 다른 꿈이었습니다. 아버지인 내가 이루지 못한 꿈을 나와 닮은 아들이 이루어 주길 원했습니다. 그러면 안 된다는 것을 잘 알면서도 내심 원했습니다. 그래서 많은 다툼이 생겼죠. 많이 늦었지만, 아들에게 사과하고 용서를 구하고 싶습니다. 어느새 아들은 더 이상 저의 도움이 필요치 않은 나이가 되었습니다. 그래서 이제는 아들을 지켜볼 뿐입니다.

  「아들에게 추앙받고 싶다」는 아들 20대(20살~29살)의 기록입니다. 지금은 나름 제복이 어울리는 경찰이 되었습니다. 이 글의 마지막은 아들에게 쓰는 편지로 마치려 합니다.

아들에게

아빠가 너의 이야기를 브런치에 쓰고 있다는 걸 너는 언제쯤 알게 될까? 그리고 그 글들을 언제쯤 읽게 될까? 비밀로 해서 미안하다. 미리 이야기했으면 너는 분명 못 쓰게 했겠지. 그래서 이름도 밝히지 않고 몰래 썼단다. 나중에 이 글들을 보게 되더라도 이해해 주길 바란다.

아빠는 너의 20대를 지켜보며 참 많이 아팠어. 내가 해줄 수 있는 게 없다는 무력감이 너무 컸거든. 만약 내가 강남의 부자 아빠였다면, 더 많은 걸 해줄 수 있었을 텐데…, 안타깝게도 나는 그저 가난한 안산 아빠였지. 하지만 나는 네가 원하는 건 뭐든 해주려고 노력했어. 아빠가 노동 운동을 시작한 이유도 너 때문이었어. 네가 성인이 되었을 때, 내가 일했던 세상보다 조금이라도 더 나은 노동 환경이 되길 바랐거든. 학교 운영위원을 하며 고교 평준화 운동에 참여했던 이유도 마찬가지였어. 너희들이 다니는 학교가 조금이라도 차별 없는 곳이었으면 했거든. 기억나니? 고3 때 네가 공부 안 하고 방황하던 때, 나와 함께 머리를 빡빡 밀었던 일. 너는 두 달 만에 다시 예전 모습으로 돌아갔지만, 나는 육 개월이 지나서야 예전 모습으로 돌아갔지. 그때 생각했어. 네가 어떤 선택을 하든, 아빠는 강요하지 않고 항상 네 편이 되어 주겠다고.

1991년 6월 18일, 아빠는 판문점 근처의 GOP에서 근무 중이었어. 저녁 점호 무렵에 갑자기 엄마의 청량리 삼촌이 전화했단다. 출산을 앞둔 엄마가 위험하다고, 보호자의 동의가 필요하다고 했어. 소대장이 직접 차를 몰고 GOP 철책선에서 문산 시내까지 나를 데려다줬지. 부대원들은 십시일반 돈을 모아 택시비를 마련해 주었어. 그렇게 인천 길병원에 도착했을 때는 자정이 넘었어. 병원 복도에서 간호사의 도움을 받아 겨우 엄마의 얼굴을 잠깐 볼 수 있었지. 그리고 다음 날 오후 2시 16분, 너는 세상에 태어났단다. 분만실 복도에 앉아있던 나에게 간호사가 너를 안고 나왔어.

"축하드립니다. 아들이에요."

그 순간, 처음으로 너를 봤어. 작고 눈부시게 예뻤던 너를.

"안아보세요."

하지만 아빠는 그저 너의 손을 잠깐 건드려 볼 뿐 안을 수가 없었어. 네가 너무 작고 소중해서, 잘못 건들면 유리처럼 깨질까 봐 무서웠거든. 그런 너를 바라보며 나는 다짐했어. 22살의 어린 아빠지만, 널 잘 키워보겠다고. 쓰다 보니 한없는 긴 이야기가 될 것 같으니, 마지막으로 한마디만 하고 마무리할게. 어릴 적 우리 집 가훈 기억하니? '착하게 살자.' 너는 무슨 가훈이 조폭 가훈 같다며 싫다고 했지. 하지만 아빠는 여전히 우리 아들이 착하게 살았으면 좋겠어. 그게 아빠의 작은 바람이야. 거기에 하나 더 추가하고 싶어. 정의롭게 살았으면 좋겠다. 쉽지는 않겠지만, 약자에게 따뜻하고 소수자를 이해하고, 그들을 대신해서 강자에게 당당히 맞설 줄 아는 그런 사람이 되기를 바란다. 너의 요즘 고민도 알고 있어. 승진 점수는 제일 높은데, 승진이 안 되는 이유가 처세술이 부족해서라고 했지? 그 얘기를 들었을 때 아빠는 마음이 무척 아팠어. 세상이 아직도 이렇게 돌아가는구나 싶어서 어른으로서 부끄럽기도 했고. 하지만 아들아, 너는 그런 어른이 안 됐으면 좋겠어. 앞으로도 비슷한 일들이 자주 있을 거야. 그럴 때마다 힘들겠지만, 너는 너의 길을 걸었으면 좋겠어. 착하고 정의로운 길을 말이야. 언젠가 브런치에서 너의 30대, 40대 이야기도 쓸 수 있을까? 아마 힘들겠지. 너는 아마도 아빠 없이 혼자서 당당히 걸어가겠지. 이 편지가 30대 너에게 보내는 아빠의 마지막 편지가 될 것 같구나.

1991년 6월 19일 오후 2시 16분, 너를 처음 만난 순간을 아빠는 지금도 잊을 수 없어. 참으로 행복했어. 너를 만날 수 있어서, 내 아들이 되어 줘서 정말 고맙다. 아들아, 인생은 별거 아니야. 그저 행복하게, 건강하게 살아가길 바란다.

2024년 12월

너를 사랑하는 아빠가